インクルーシブ授業で学級づくりという発想

丹野清彦
関口　武 著
Kiyohiko Tanno
Takeshi Sekiguchi

クリエイツかもがわ
CREATES KAMOGAWA

はじめに

週に一度、いろいろな学校へ足を運んでいます。学校を訪れ授業を見学し、相談を受けています。この日は、6年生の子が帰りのあいさつ寸前にリュックサックを背負い、担任の方へ歩いていきました。

「先生、おれ、もう帰るから」

そう言うと、オープンスペースの廊下へ出ていきました。担任が、「もう……」と困った顔をして私を見ました。

「帰るとわざわざ言いに来ただけいいじゃないの」

私は答えました。そして、

「彼はなぜ、予告しに来たんでしょうね。そこを考えましょう」

と、話しかけました。気持ちを残すところは、帰ったことではなく、なぜ言いに来たのかです。子どものネガティブな言動を読み取ることができたら、もっと楽しく働けるだろうと思います。

このような願いを含んで、本書の構成を考えました。ｐａｒｔ１は、多様性を認める考え方を、アタッチメントの視点を取り入れ、ある子に焦点化し言動の読み取り方を説明しました。読むと気持ちがやさしくなるようなエピソードがたくさんあります。

part2は、多様性を認める授業にするには、どこを改善したらよいか、教科ごとに問いのつくり方やアクティブラーニング型の過程について明快に解説しました。答えが一つしかない問いや教師主導の授業が子どもを傷つけることを指摘し、改善点を明らかにしています。授業に取り入れてみてください。

part3は、part1やpart2の内容を実践していくと他者理解が進み、自己肯定感が高まり、子どもや学級が大きく変わることを、「ココ変え」ポイントとして強調し示しました。ポイントの一つは、「子どもの身体や気持ちを自由にすること」です。ですが多くの人は、そうすると学級が乱れてしまうと思っています。しかし、逆なのです。その理由は、本書を開いて見つけてほしいと思います。

大事にしてほしいことは、発想です。単に学級づくりや授業づくりの方法にとどまるのではなく、授業と学級づくりをつなぐ考え方、子どもの側に立って、子どもが楽しく感じる、落ち着く授業をつくるという発想こそ重要です。それができれば学級は、居心地のよい場所になるでしょう。

事例として登場した子どもたちは、これまでに私たちが出会った子どもです。設定を変え、仮名にしました。子どもたちがどのような授業を望んでいるのか、先生を求めているのか、耳を傾けてほしいと思います。

丹野　清彦

インクルーシブ授業で学級づくりという発想
もくじ

part 3 学級がまとまる授業、壊れる授業

装　丁　菅田　亮
イラスト　ホンマヨウヘイ

part 1

多様性を認める発想、アタッチメント

Part 1

1

よいクラスにしたいという願い

「よいクラス」とはどんなクラスでしょうか。朝会の時に整然と並びおしゃべりがない、授業の時おしゃべりがなく静か、給食の準備が早く片付けが早い、宿題や持ち物を忘れない、先生の指示をよく聞く、学校のきまりを守る……。

1 「よいクラス」ってどんなクラス？

指導、管理の容易な、教師にとって都合の「よいクラス」、学校にとって都合のよいクラスになっていませんか。それは、子どもたちにとってよいクラスとは言えません。「よいクラス」基準に合わない子、適応できない子、過剰に適応してしまう子には、苦しいクラスです。インクルーシブ的によいクラスとは、子どもたち全員の要求がかなえられ、安心して生きいきと過ごせるクラスです。それは教師にとってもよいクラスです。

2 教師にとってよいクラス、押し付けのボランティア活動

郊外の落ち着いているという学校に転任しました。

4月のある朝、出勤して驚きました。職員の昇降口に数名の子どもたちが並んで誰かを待っているようでした。

「誰を待っているの？」

と尋ねました。すると、

「A先生を待っています」

と返事がありました。何かトラブルでもあったのかと思いました。でも違うようです。同学年の先生に聞いてみると、なんと、A先生をお迎えする習慣があるということでした。その後、職員室前で待って、先生のカバンや荷物を教室に運ぶことになっているらしいのです。

「え！　そうなんですか。うらやましい！」

と冗談で返しましたが、5年生の子どもたちが自分の意志で「カバン持ち」をすることなんてあるのかなと不思議に思いました。教室に行こうと職員室を出ると、大きな声が

「おはようございます！」

と廊下に響き渡りました。廊下の床をほうきで掃く子や雑巾で拭いている子がいます。

そうか、この学校は、登校してすぐに掃除する日があるのかと、自分の認識が間違っていたと思い、慌てて教室に行きました。クラスの子どもたちに確かめると、「先生、5年生はね、ボランティアで掃除もやっているんだよ」と、教えてくれました。ボランティア活動は、掃除だけではなく、カバン持ちも靴並べもあるようでした。休み時間を削って、子どもたちがボランティア活動を自主的にするものだろうかと疑問に思いました。

□子どもは、気を抜いたらだめ?!

ある朝、職員室前でA先生が子どもを厳しく叱っている場面に出会いました。まわりを気にせず、あるいは、まわりを意識して、大きな声で怒鳴っていました。

「あなたは宿題を忘れて、忘れましたですむと思っているの！」

「すみませんでした。ごめんなさい……」

そんな光景がたびたび見られました。職員室でA先生は、学年の先生たちに、「子どもは気を抜いたらだめ。一つひとつ厳しく、しっかりしつけるのよ。そうすれば、いい子になるし、何でも言うことを聞くように育つのだから。授業も同じ、おしゃべりなんか許しているようでは教師失格ね。毅然とした態度が大事」

と、自信たっぷりに諭していました。子どもたちは苦しくないのかな、困っていないのかな、子どもの「イエスマン」なんてあったんだと、大きな疑問がわいてきました。しかし、低学年の先生たちからの評判がよく、あんな学年にしたいという声が聞かれました。

おりこうなおとなしい人形

秋の運動会練習が始まった頃、印象的な場面を見ました。校庭で、5年生の先生が練習の説明をしていました。その時、どこかで、誰かのおしゃべりが聞こえてきたようでした。突然の罵声が教師から発せられました。

「ふざけるな！　真剣に話している時に、おしゃべりか！　全員立て、後ろのあのネットを触って戻って来い！　行け！」

子どもたちは、指示に従って、一目散にネットに向かって全力で走って行きました。A先生は、その光景を真剣な面持ちで見ていました。5年生の子どもたちは、廊下で会うとあいさつはしっかりします。しかし、無表情です。どの子を見ても、顔つきが似ています。雰囲気が同じなのです。おりこうなおとなしい人形のような顔でした。
ある日、5年生と委員会活動の時間におしゃべりをしていました。初めは口数の少ない子どもたちでしたが、少し慣れてくるとテンション高く話が弾む女子たちでした。
私「5年生はなんか、立派だよね。朝、ボランティアで掃除したり、朝会は静まり返っているし」
女子「な、わけないでしょ。みんな嫌がっているよ」
女子「ムカつくよ。ね」
私「なんだ。好きでやってるのかと思ってた。やっぱり嫌なんだ」
女子「仕方がないじゃない。そういうことになっているんだから」
女子「やんないと成績下がるし、そういう空気だし」
女子「ねえ、先生が来年、6年生の先生になってよ。お願い」
女子「先生がなって！　4年生楽しそうなんだよ。うちのクラス、嫌なんだよ」
女子「男子怖いし、ケンカばっかりしてる」
5年生の本音を少し聞くことができ、学年の様子を垣間見ることができました。

学級から孤立

春、5年生の先生3名が学級を再編成して持ち上がりました。子どもたちが校長室にお願いに行ったようでしたが、期待は裏切られました。事件は4月から始まりました。一つのクラスから、不満の声が広がり、あっという間に他のクラスに飛び火しました。学年主任のA先生のクラスだけが無事のように見えました。授業中も、休み時間もトラブルです。ケンカが頻発し、物かくし、トイレの荒れ、窓から牛乳パックが投げられるなどが報告されました。やがて、「指導」をさらに強めて、少しずつ「収まって」いきました。数名の子どもたちが抵抗しましたが、夏休み前には静かになりました。

2学期に不気味な静けさの中で、大きなトラブルが始まりました。たった一人の反抗でした。仲間は「改心」して、彼だけが取り残され激しく抵抗しました。バリケードを作り、教室に閉じこもることもありました。友だちとのケンカも絶えることがありませんでした。学級から孤立し、教室にいられなくなりました。やがて不登校に追い込まれました。彼がいない学年の教室も廊下も、静まり返りました。きちんとしている「よい子」たちが、また、ボランティア活動を始めていました。

3 なぜ、こうなってしまったのでしょうか

学校や教師の一方的な価値観で、子どもを指導、管理しようとするからです。学校は子どもたちが学ぶ場所です。子どもたちが考え、子どもたちが活動する世界です。もちろん、学校や教師は、子どもたちを教育しなければなりません。しかし、子どもたちの考えを聞こうとせず、耳を塞いでいいはずがありません。大人の価値観を押し付けでいいはずがありません。

よいクラス、よい学校は、子どもを主体として、教師と保護者と一緒につくっていくものです。子どもたちの要求を広げて、子どもたちの小さな声も聞き取って、子どもたち全員が参加できる場所にしなければなりません。たった一人でも、振り落としてはならないのです。

Part 1

2

きちんとできてあたり前

隣のクラスの授業を見ると、気になります。あっちはきちんとしているのに、どうしてうちはこんなに、ガチャガチャしているのだろうと。どうして子どもたちは、みんなと一緒のことがきちんとできないのかとイライラしてしまいます。
私の指導が足りないのか、それとも子どもが特別きちんとできないのか不安です。

1 できてあたり前、それ間違っています

子どもたちの行動、行為は、きちんとできてあたり前ではありません。できなくてあたり前だから、学校があるのです。子どもたちに一つひとつていねいに教えていくことが教育です。わからないこと、知らないことがたくさんある前提で、そこがスタートラインです。

すでにできている子やすぐにできてしまう子が多いと、何でこんなことができないのかと思いがちです。できない時には、跳び越せるぎりぎりまでハードルを下げて、その子に合わせることが必要です。それがインクルーシブ教育です。

一斉授業は教師の目を惑わせます。ほとんどの子どもたちができるようになると、みんなできるようになったと見えてしまうのです。「ほとんど」は、「全員」ではありません。そんなことは、承知しているにもかかわらず、教えたでしょ、何でできないのか、と迫ってしまいます。

2 めんどくせー、やりたくねー

勇気は、入学の時から少し変わっていたようです。でも、あまり目立たなかったといいます。勉強はお母さんと宿題をする中でやっていたので、学校で一切授業を受けていなくても、テストは普通に

できていたようです。担任も母親も、他の子どもたちとの違いに気づきながらも、気にしなかったのだと思います。

4年生の担任は、気づいたけれど深刻にならなかったと話していました。ノートをとらないこともありました。寝ていることもありました。しかし、テストは他の子と比べてもできていたのです。

5年生の担任はその行動の違いに気づき、他の子どもたちと同じように授業を受けさせようと奮闘しました。ノートをとらせ、発問に挙手をさせ、宿題をさせました。勇気のために、彼を追い込み頑張らせました。しかし、その思いは彼を逆の方向に走らせました。

2学期になると、勇気は授業中に立ち歩き、教室の全員にちょっかいを出し、暴力をふるいました。物を投げ、教室はパニックになりました。授業が成立しなくなりました。担任は強く叱り、彼の行動を抑えようとしました。

ある日、勇気は担任の腕に噛みつき、暴れ、教室を飛び出しました。校長や教頭が毎回抑え込み、校長室につれて行きました。

「何でこんなふうになるんでしょうね。何で荒れるのかな」

そんな声が広がりました。

□行動や考えを受け入れるところから始めよう

次の年、私が担任することになりました。

勇気は多動ですが、診断は受けていませんでした。6年の初めの頃は、「めんどくせー、やりたくねー」が口癖でした。いつでも、どこでも裸足で過ごし、どこでも寝ました。時々深く眠り熟睡しました。5年の時は、朝会でも暴れるので担任が抱きかかえました。それでも、足でまわりの子を蹴っていました。

私は、6年では抱えないようにしようと考えました。まわりの子どもたちと一緒に、彼の行動や考えを受け入れるところから始めようと考えました。目に余る攻撃の時だけ、「勇気、やめて」と、そっと声をかけました。

やがて、「やめて」の言葉は、通じるようになりました。しかし、悲しいことに、「ちょっかい出さない、我慢する」イコール、「眠りに入る」でした。朝会が終わっても、ぐっすり寝ていることもありました。

授業も同じでした。勇気の行動を止めずにいると、授業妨害はなくなりました。やがて、落ち着き、居場所ができると、暴力も消えました。廊下で本を読み、寝っころがることが続きました。しばらくすると、自分の席で本を読み、寝て、時々授業に参加し発言するようになりました。

一人でノートをとるように

「ノートに黒板のまとめを書き写そうね」

と声をかけましたが、書きませんでした。

「先生が書いてもいいかな」

と言うと、うなずきました。書いてあげると、しばらくノートの文字と絵を眺めていました。私は書くことを繰り返しました。だんだんノートを書くのが楽しくなって、余計なイラストやコメントも入れるようになりました。勇気のためというよりも、私がノートで遊ぶようになりました。

ある日、社会の授業で板書を終えて、しばらくしてから、ノートを書くために勇気の席に行きました。すると、隣に座っていたサツキがうれしそうに私を見上げて笑っていました。

勇気のノートはすでに、文字と絵で埋まっていました。

「先生、私が先に書いておいたよ」

とサツキが胸を張っています。私は、

「やられた、少し遅かったか。悔しい」

と冗談で返しました。

やがて、勇気は一人でノートを書くようになりました。雑ですが、読める文字と絵を描きました。

時々、

「先生、書いて」

「サツキ、書いて」

と、おねだりしました。

本からの知識が豊富で、社会や国語の発表も多くなっていきました。

3 できなくてあたり前、やれなくてあたり前

できない子が、やれない子が叫んでくれて初めて気がつきます。

「できないよ。わかんないよ」

「読めないよ。書けないよ」

「式わかんないよ。計算できないよ」

叫んでくれてありがとう。叫んでくれて気がつきますが、叫べない子もたくさんいるのです。苦しい思いをして、傷ついて初めて悲鳴を上げる子もいますが、悲鳴も上げられず黙ったままの子もいるのです。

できなくてあたり前、やれなくてあたり前を、心に刻んで、教室で授業をします。

できなくてあたり前、やれなくてあたり前は、子どもの権利です。

ここがスタートラインです。

Part 1

3

静かなクラスは「安心」?!

何も指導していないのに、クラスは静かです。新学期スタート当時は、よいクラスだなと思いましたが、授業での発言は全くありません。私が発問しても無反応です。ただ、テストはできるし、トラブルはありません。
授業でもう少し反応のある元気なクラスにしたいと願うのは贅沢でしょうか。

1 静か、それは緊張

言いたいことが言えない、静かにする空気を感じて、緊張感の中で過ごす苦しさを経験したことはありませんか。本音が出せないクラスは静かでいいクラスでしょうか。

子どもたちには、見たいものがたくさんあります。知りたいことがたくさんあります。行きたいところも、したいことも山盛りあるのです。そして、おしゃべりもたくさんしたいのです。でも、授業では静かにさせられます。先生の話を聞きなさいと注意されます。

静かにしている子は、言うことを聞いている子です。先生に叱られている子の陰で、静かに、怯えている子かもしれません。本当はしゃべりたいのに、声を出せずに不安を抱えている子かもしれません。そうだとすれば、授業で言いたいことが言えるようにしなければなりません。たくさん自分の考えが出せて、しっかりと他の人の意見を聞ける学級にすることです。

「静かなクラス」であればいい、ということではないのです。

2 不登校は楽しい授業で乗り越える

花さんは幼稚園の頃から登校渋りがあり、小学校でも1年生の時からほとんど学校に来ていませんでした。3年生時の欠席はついに170日となりました。3学期には、花は、全く学校に来られなくなりました。

3年担任の木村先生とスクールソーシャルワーカーの新井先生と学年主任としての私の3人で家庭訪問をしました。帰り道に、木村先生がつぶやいた一言が脳裏に焼き付いて消すことができませんでした。

「どうしたらいいんですか？　やれることが何かあるんですか」

「私にもわかりません。でも、苦しいよね。花も先生も」

隣のクラスにいながら、何の手だても打てませんでした。相談されても、自分のことでいっぱいでした。3学期に2回、花の算数個別学習に付き合っただけでした。

「どうするか、何か手だてがあるわけじゃないけど、花さんを担任してみたい。私でよかったら、このクラスにしたい」、そう言って、花を受けもたせてもらいました。

友だちはいない、一人ぼっち

4年生の新学期、始業式の次の日から、昼休みに、私が家まで迎えに行くようにしました。花のことを子どもたちに伝えて、協力してもらい、先生が昼休みに迎えに行く「お迎え」と、花が来たら昼でもおはようとあいさつする「おはようごっこ」を始めました。提案に反対はありませんでした。

お母さんとメールで伝え合えるようになりました。相談もできるようになり、悩みも聞けるようになりました。

私に「友だちはいない」と話す花は、「学校なんかなくなれば楽」と考えていました。昼休みの約束のお迎えは、苦しいだろうか、うれしいだろうか、やっぱり苦しいか、と思いました。私と一緒の登校、花はほとんど話しません。自信なさそうにうなずいて、片言で返すだけです。静かで、目立ちません。

花の登校に合わせて、時間割を変更し、アクティブで楽しい授業を心がけました。花が少し、心を開き始めた頃、花のお母さんに笑顔の姿を伝えるメールを送りました。班の友だちと昼休みに教室で風船バレーボールをやっている写真に、返信がきました。

「娘が笑顔で学校生活を送れていると聞いて安心しました。先生のおかげです。ありがとうございます。来週もご迷惑をお掛けしますが宜しくお願いします」

行きたくなる学級づくり

花だけではなく、静かな子たちが自分を出せる授業を考えました。授業が子どもたちの声で進められるように、「1日1回発表しよう」と、班長会から呼びかけました。みんなで学習をする雰囲気をつくりました。座席を工夫し、生活班（学級生活で使うグループ）と学習班（授業で使うグループ）がすぐに話し合える配置にしました。

朝の会で要求されたことは、必ずみんなで真剣に考えました。時には、その場で班会議をして、アドバイスや解決策を出しました。多数の者は、少数の者の考えを必ず受けとめ、それが生かされる方法を考えていきました。学級が確実に、意見が出しやすくなって、たくさん出るようになっていきました。思いが受けとめられ、居心地のいい学級になっていきました。

不登校の子どもを迎えに行って、その日1日学校に来たとしても、学校や学級の受け入れ態勢ができていなければ、逆効果です。授業がつらくて、居場所づくりができていなければ、その1日の体験が不登校のさらなる要因となります。無理をせず、行きたくなる学級をつくり、行きたくなる気持ちを大事にしたいと考えました。

▢消防署劇と公園デビュー

先生と班長会共同提案の消防署劇、シナリオづくりに取り組みました。劇練習の中で、トラブルを起こしながら、仲間づくりをします。ぶつかり合わなければ、本当の仲間はつくれません。価値観はみんな違うのですから。

5班は不登校から教室に戻りつつあった花を気にしていました。この時期、花は4時間目に来るか、給食の後、5時間目に来るか、その日の体調で決まるからでした。

「花ちゃん、4時間目に来るかな」

「先生、総合の時間を5時間目にしてください」

「いいよ。OK。5班からみんなに要求してね」

そんなやり取りはいつもでした。

「花ちゃん、来るのかな」

花は練習に参加し、リハーサルの5時間目にも間に合って登校し、消防署員の演技で笑顔でした。実は、花がいないことを考えて劇をつくるか、ちゃんとした大事な役をつくって絶対に参加してもらうかが、5班の議論になっていました。それは、花に負担をかけないようにする子どもたちの配慮でした。花に直接聞いて、大丈夫と言われたらそれも、圧力になるかもしれないのです。結局、二つの役をつくり、花に選んでもらうことにしました。花は、消防署員の役を選びました。ややセリフの少ない役で参加しました。

本番の朝、元気に登校していました。本番の後、劇またやりたいねと5班の子どもたちは言い合っていました。花も、笑顔で何度もうなずいていました。

消防署劇が終わってから数日。休み時間に、ナギさんが話しかけてきました。

「今日、花ちゃんと遊ぶの」

ナギの後ろに花がいました。

「そうなの、仲良くなったんだ。よかったね」

「ナギとね、消防署の劇で仲良くなったの。ナギはね、ギャハハーって笑うんだよ」

「花なんか、グハハハハーって、笑うんだよ」

花にとって初めての放課後の約束、公園デビューでした。放課後、遊ぶ仲間ができました。劇の授業をきっかけに花に仲間ができました。明るい花に、どんどん仲間が増えていきました。

花のお母さんから手紙をいただきました。

「最近、放課後は公園で遊ぶことが増えてきました。今日は、はるちゃんが家に遊びに来ています。

先生のおっしゃっていた自立するために仲間が必要っていうこと、納得しました。公園に遊びに行く娘を見て自立していってるなって実感します。その分、私は寂しいですが、よかったです」

花とソーシャルワーカーの新井先生と三者面談をした後、職員室でおしゃべりしていました。

私「学校が楽しくなれば、今よりもっと花さんの状況はよくなると思います。学校が楽しくて来ている子がクラスの3分の1くらいかな。もっと増えたらいいのに」

新井「え?! 学校が楽しくて来ている子がクラスの3分の1、そんなにいるのですか。だいたいの子どもが仕方なく来ていると思っていました」

そう言われて、私もびっくりしました。どっちかなと確かめたくなりました。

翌日、子どもたちに直接聞いてみました。学校が楽しい、行きたくて、ウキウキの日が多い人、26人。またまたびっくりしました。3分の1ではなく8割でした。私だって、時々、朝、このままドライブ、温泉でも行こうかなと思うのに。その時、花も学校が好きになり始めているのではないかと思いました。

ある日、花を迎えに行くと、笑顔で現れました。登校途中、歩きながら土日の様子を聞くと、

「沙羅ちゃんと遊んだ」

予想外の、驚きの返事が返ってきました。そういえば、朝、沙羅と何気ない会話をしたことを、ふと思い出し、つながりました。

沙羅「今日、花ちゃん来るって言ってたけど」

私「そうなんだ。月曜だから来るのかな。どうかな」

週末、一緒に遊んだ二人は、学校でも遊ぶ約束をしていたのです。驚きました。実は、3年生の時不登校だった沙羅と仲良くなってくれたらいいなと思っていたのです。1年を終えて、花の休みは20日でした。5年生になると、花は毎日朝から学校に来るようになりました。

3 生きいき生活ができて、安心なクラス

学校スタンダードは、「静かなクラス」をつくることを要求します。それは、「いつでも、誰でも、何でも意見が言えるクラス」であって、集中するべき時には「静かに話の聞けるクラス」のことです。ところが、教師はいつでもどこまでも都合よく「静かなクラス」を求めてしまいがちです。そういうクラスは、見栄えがいいのです。教師がほめられるクラスだからです。教師の「指導」が行き届いているように見えるからです。

いつでも、誰でも、何でも意見が言えるクラスは、子どもたちが、生きいきと生きられるクラスです。集中するべき時には「静かに話の聞けるクラス」は、みんなでルールが守れる、安心できるクラスです。生きいき生活ができて、安心なクラスには、不登校を乗り越える子どもたちが育っています。

Part 1

4

泣き虫、怒りんぼ、それは自分勝手？

つらかったんだねと
抱きかかえる

何かあると泣き始める……何かあると怒り出す……
もっと強くなれないのか、なんて自分勝手なんだと腹が立って、
イライラしてしまいます。
だけど、こんな子どものとらえ方でいいのでしょうか。

1 行動・行為の裏には理由がある

私は、「みんな違って、みんないい」と考えています。わかり合いたいと思って努力しますが、どうしてもわかり合えないものもあるかもしれない、いや、あるだろうと思います。相手のことを考える時に、自分がされたらと自分に置き換えて考えてみることも試みます。それでも、理解できないことが残るような気がします。

学校で、子どもが泣いたり、怒ったり、人や物を攻撃したりする行動の裏には、必ず理由がありま す。そのわけを一生懸命に考えても、考えても理解できない時に「あなたが悪い」と言ってしまうようなことはないでしょうか。子どもたちのトラブルは、価値観の対立です。その場で一つの方向に決まるけれども、それは絶対ではなく、もう一つの言い分にも価値があるのだと思います。その価値を、理解できないからこそ尊重し、わからなくても、わかろうとし続けることが、教師には必要です。

子どもたちによろこびも悲しみも、楽しさも怒りも出させながら指導しましょう。行動・行為の裏には必ず理由があります。その理由を理解、共感し続けます。

2 泣き虫、怒りんぼの雪

新学期、雪は私に笑顔で、自己紹介をしてくれました。

「雪は、泣き虫で、怒りんぼなの。みんなからいじめられているの」

昨年、私は、4年生の雪が、いつも廊下で泣いているのを見かけました。友だちと言い合いのケンカをしていました。怒って暴言を吐き、時には相手を蹴飛ばしたり、殴ったりしていました。担任に叱られ大泣きして、

「なんで、私ばっかり責めるの！」

と、激しく反抗していました。

仲間外れの毎日だったと、雪が教えてくれました。5年生になるまでずっと、みんなと少し違う考えをもつ自分と生き、主張し、受け入れられず、押し付けられ、そのたびに泣いてきたのだと思います。

▢一人じゃ嫌だから

ある日の教室での出来事です。学習班ごとに社会科の発表の資料づくりをしていました。4人は画用紙にカラーペンで書き込んでいましたが、雪は、一人離れてノートに書き込んでいました。一緒にやらないのと声をかけると、いいんですと寂しそうでした。
雪「私は黒ではっきり書きたいの」
班長の亜紀さんにも聞いてみると、
亜紀「いろいろな色を使った方がきれいだし、みんな（4人）使ったほうがいいって言うから」
亜紀「そういう時は、もう1枚画用紙もらって、書けばいいって言ったけど、雪ちゃんがいいって、今日はやらないって」

雪「だって友だちと一緒にやりたいから、一人じゃ嫌だから」
私「先生は黒で書くのもいいと思うよ、カラーもいいけどね。先生って優柔不断、どっちかな」と、私が言うと、ちょっと笑顔が見えて、
雪「大丈夫、今日はノートにまとめるから」
4月の頃の雪ならば、確実に感情をむき出しにして大泣きだったでしょう。教室を一周して、帰ってくると、亜紀と雪が一緒に別の画用紙に黒のペンで書き込んでいました。
亜紀「向こうの方の私の分、書き終わったから、一緒に書こうって誘ったんです」
亜紀さんは、「ねぇー」と雪を見て笑っていました。
亜紀「私も、雪が間違ってないと思ったから、もう一度みんなと相談して、2枚出すことにして、私が両方に入ります」
亜紀は、昨年も私が担任したやさしいリーダーです。

□亜紀さんのようなリーダーになりたい

「亜紀さんのようなリーダーになりたい」

雪がつぶやいた言葉です。雪は、みんなから邪魔者扱いされているから、立候補しても班長には受からないので、どうしたらいいかと私のところへ相談に来ました。

「班長をやりたい人は全員班長にする案をつくるのはどうかな。雪さんだけじゃなくて、班長やりたいって思ってる子、他にもいるかもしれないからね。いい考えだよ」

「雪さんはなんで班長をやりたいの」

「みんなによろこんでもらえるし、遊びが楽しくて、宿題忘れたり、授業の時、違うことやってたり、すぐにやるのがめんどくさくて、やりたくない時があって、でも、みんなに迷惑かける時が多くて、自分が自分で変わったって思うし、変わったって夏子や咲子に言ってもらえてうれしいし、なんか仲間になったって感じで、すぐに嫌なことあると言ってたけど、我慢してみんなに朝の会でちゃんと言うと聞いてくれて、だから、班長好き」

立候補したら全員当選の提案は受け入れられました。4班制で9人が立候補し、全員班長になりました。

雪は、勇気を自分の班に入れました。

雪「勇気、だめだよ。給食当番やらないとみんなに迷惑がかかるよ。ほら、エプロンつけて」

雪が4年の頃と変わったことは目に見えます。泣かなくなりました。キレなくなりました。トラブルも減りました。少数派の意見を的確に、鋭く主張できるようになりました。雪の反論が学級に位置づくようになりました。

3 違った考えをもつ子ども、多様を認める

学級の中にまわりの子どもと少し違った考えをもつ子どもたちが数名います。普通は、その数名の

考えは、みんなと違う間違ったものとして扱われ、消去されてしまいます。
そうして自然淘汰されながら、多数派の「正しい道」がつくられ、当然の行動が要求されていきます。しかし、彼らの中から、どうしても納得がいかないと、「正しい道」を疑問視し、正面から攻撃する子どもが現れます。少し違う考えの彼らを

「障害」

「異常」

「ふつうじゃない」

と見るならば、彼らと価値を共有することも、新しい価値を見つけることもできないし、共存することも不可能です。みなさんがまわりの人たちと違う考えだったらどうでしょうか。彼らは孤立し、消えてしまいたいくらいに困っています。

いろいろな人がいていいとか、みんな考えが違うんだからとか言うけれども、学校という現場はそれほど柔軟ではありません。みんな同じにする指導、同調させる指導が日常的に行われているのです。価値観は多様なのが前提ならば、少数の意見と多数の意見、少数派の価値観と多数派の価値観、そうとらえて、価値論争にしなければならないはずです。そして、討議の全体を通じて、少数の意見が生かされなければならないはずです。何らかの形で、みんなの考えを取り入れるということです。

一人ひとりの子どもが大切にされるはずの場所、学校が、彼らの思いを傷つけ、居場所を奪ってきたように思います。子どもたちの声に耳を傾け、彼らに共感し、彼らに受け入れてもらう実践、彼らとともに新たな価値世界を切りひらく実践を構想しましょう。

Part 1

5

きちんとしている子はよい子？

何でもおりこうさんで、言われたことは自分できちんとできます。手がかからない子だと思っていました。
異変に気づいたのは国語の時間。時折、ほっぺたが引きつるのです。私が見つめるほど引きつりました。どうやら、チック症状が出ているようでした。

1 学校適応過剰の子という見方

学校は、子どもを大人と同じようにしたいと教育します。学校的な価値観が全面に押し出され、子どもたちはそれに従おうと努力します。先生の指示通りに動きます。

家庭でも、子どもたちはお母さんやお父さん、保護者の背中を見て育ちます。言うことを聞こうと頑張ります。宿題しっかり、忘れ物してはだめ、テストの点は大事、授業は真剣に、目標は高く、めざせ1番。努力してほめられたら、さらに頑張ります。

しかし、頑張れなかったら、どうでしょうか。先生やお父さん、お母さんの要求が高すぎて、そこに届かなかったらどうなるのでしょうか。きちんとしている子は頑張り屋さんです。精いっぱいの努力をしている子、もしかしたら、ストレスを溜めている子、感情を抑えている子かもしれません。

2 チック症状と子どもたちが活動できる授業

初めてツトムに会った時、その硬い表情と、「ハイ」と返事をする直立不動の姿勢が気になりました。

昨年度の4年生、登校渋りがあったと、学級の申し送り事項に記入がありました。きちんとしてる子、円形脱毛症、チックという記載もありました。

私は堅苦しい授業はせず、できるだけ説明を短くして、子どもたちが活動できる授業になるようにしました。ツトムに友だちができて、よく外遊びをするようになりました。走り回り、追いかけっこをする姿が見られました。

「ツトム、元気になったよな」

と昨年の彼を知っている子どもたちが教えてくれました。4月のツトムは言葉も行動も粗暴ですが、キレる様子はありませんでした。髪の脱毛とチック症状は相変わらず気になっていました。家庭に連絡すると、

「医者に相談しています。私がちょっと厳しくしているせいかもしれません」

と、母親が話してくれました。自分を出せるようになり、当然、トラブルも増えました。時々、小さな暴言や暴力も見られました。そんな時、壁に頭をぶつけて自分を責める場面にも会いました。5月に入ると、些細なことで休み時間に友だちとトラブルを起こしキレました。止めに入った他の先生に、

「向こうへ行ってろよ！　うるせーんだよ！」

すごんで見せたようです。

トラブルを解決しても

事件は、ツトムから始まりました。運動会の練習で体育館に並んでいたところ、突然取っ組み合いが始まりました。「やめな！」の声に反応し離れようとする康太に、殴りかかるツトムを抱きかかえ

るように押さえて、私が止めに入りました。リレーの並び順が間違っていたツトムに、「並ぶところ違うよ」と、呼びかけたのが康太でした。身体の震えが収まったツトムに、

「康太さんに、嫌なこと言われたの？」

と、彼の心の傷口を覆いました。うなずくツトムに、「そうか、康太さんの気持ちを確かめてみようね」と繰り返しました。そんなことが続いた6月の終わり、ツトムは修一とトラブルを起こし、それを止めに入った裕太に殴りかかり、さらに止めに入った2組の上原先生にも蹴りかかりました。私が駆けつけた時には、野獣のように、

「うるせーんだよ！　向こうへ行ってろよ！」

と、繰り返していました。私は抱きかかえて、長く闘いました。もちろん私にも、

「何だよ！　何だよ！」

と言い続け、私の手をつねり、爪を立て、やがて落ち着きを取り戻していきました。そして、いつもの柔らかな眼差しが還ってきました。

「裕太さんに、嫌なこと言われたの？」

「あいつが先に邪魔してきたんだ」

いつものように、二人の話を聞き合って、すれ違いを確かめました。

私かもしれません。私です

家庭に連絡を取りました。長時間、電話で事実だけを話しました。私見は入れませんでした。彼の

ふだんのよいところ、頑張っているところを話し、家庭でしっかり育てているのがよくわかるとほめました。そして、学校で心配なことを二つ伝えました。本人と他の子どものケガが心配だということ。もう一つは彼のストレスの原因がわからないということ。話の最後に母親がつぶやきました。

「私かもしれません。私です」

家庭では、しつけを厳しくしていること、ずっと叱って育ててきたことを話してくれました。やさしくできなくなっていると本音を語ってくれました。学校でも頑張ってみるので、家庭でも無理強いしないように、よろしくお願いしますと言い、電話を切りました。次の日、二人に確認をとってから、学級に報告しました。

「ツトムさん、すぐに、傷ついちゃうんだよね」「おれもイライラしてると、キレることある」、私の話の途中に、小さなつぶやきが聞こえました。

やがて、落ち着いて

ツトムの母親からは7月の授業参観の後に便りをもらいました。

「体育の参観、見ている方もとても充実感がありました。皆さんが班ごとにまとまってきびきびと行動しているのと同時に、授業を楽しんでいる雰囲気がこちらにも伝わってきて、とても素敵なクラスだなと思いました。見ているだけじゃ物足りなくて機会があれば一緒に参加したいなとも思いました。楽しい時間をありがとうございました。ツトムと相談して、ツトムの考えを入れて、納得がいくようにいろいろ決めました。先生がおっしゃっていたように、できなくてあたり前、少しずつできるようになればいいって思えるようになりました。学校から言われる宿題や忘れ物、テストなど、私が怖がっていたのだと気がつきました。先生が大好きなようです。これからもよろしくお願いします」

その頃から小さなトラブルはあっても、ツトムがキレることはなくなりました。やがて、落ち着いて、9月には円形脱毛症も暴力も消えていました。

3 子ども時代を子どもらしく生きる

私たち大人は、子どもたちによい学校生活を送ってほしいと思っています。たくさん学習して、たくさん友だちをつくって、将来の夢をかなえられるようにしてあげたいと考えています。それは当然のことです。けれども、その考えの中に実際の子どもが見えなくなってしまうことがあります。子ども不在の教育になってしまうことがあるのです。今を生きている子どもの、やりたいことやほしいもの、考えていることも大事にしなければならないのです。子どもの少し先、子どものできる努力で届くところが目標です。一人ひとりに合わせていないハードルを跳ばせようとすれば、期待に応えられない苦しさを、友だちにぶつけることもあります。その苦しさが身体に異変を起こすこともあります。そして、その苦しさで、自分を傷つけることさえあります。

学校適応過剰な子どもたちが、生きづらさのサインを出しています。子どもには子ども時代を子どもらしく生きる権利があります。子どもたちの声を受け取って指導することが大切です。

Part 1

6

時間がかかる気持ちの切り替え

泣き出したら長く、「いつまでも泣くな」と叱ると、もっと激しく泣いて、切り替わるのに時間がかかる子がいます。また、突然立ち歩き、ブラブラと行ったり来たりする子もいます。やさしく注意しても、動きが速くなって余計にそわそわ立ち歩き、どうかすると廊下に出ていきます。どうしたらいいのか困ってしまいます。

1 気持ちをコントロールできない

泣き出したら長い、切り替わるのに時間のかかる子、意外と多いのではないでしょうか。「泣くな」と叱ったら、もっと泣き出した。立ち歩く子を注意したら、もっと立ち歩き出した。どちらも教師の声かけは逆効果、注意は無駄であり、理解のない指導です。泣く、立ち歩くという行為をやめさせようとしたからです。

実は子どもは泣くことで、いら立ちを発散させ、気持ちを落ち着かせています。ブラブラと立ち歩くことで、いら立つ感情を抑えています。たっぷり泣かせてください。気がすむだけ、ブラブラさせてください。すると落ち着きます。まわりの子どもたちの目が気になれば、廊下や中庭に連れ出して、「つらかったんだね」「戦っているんだね」と、背中をさすりながら声をかけてください。自分のバラバラな気持ちを調整する。切り替える。これはなかなか難しいことで、感情をコントロールできない子どもなのです。

2 授業が飛んでいく

玉木くんは高いところが好きで、あっという間に木に登ります。教室の棚の上をスイスイ歩き、高い位置にある窓によじ登ろうとしました。入学してすぐの学校探検、校長室へ行くと大きな金庫に目を奪われ、衝動的にボルダリングとばかりに金庫を登り、上を這いました。授業中はプリントで紙飛行機を折り続け、宙を舞いました。マネる子が現れ、私がプリントを隠すとさらに一緒になって暴れました。暴れられるより、折り紙をする方がまだましかと、余りプリントを再び持ってきました。玉木くんの紙飛行機は、誰よりも折り目が正確なつくりでした。私は記念に一つ、もらいました。

□待てない玉木くん

玉木くんは字がまったく書けません。字の練習になると鉛筆を折り、床に投げつけました。

「ちゃんと書いてね」

どんなにやさしく注意しても、その瞬間に立ち上がり、行ったり来たりを始めます。肩に手を置いて、

「戻ろうね」

と声をかけても、振りほどき、もっと激しく動き始めます。これ以上注意したら、そばにいる子を蹴りました。よく手を挙げ発表しました。一番にあてないと、イスを蹴りました。感情をコントロールできません。

「なんであてないんだ」

顔をゆがめて怒ります。できるだけ、手を挙げればすぐに指名しました。けれど、あててほしがる子は他にもいるのです。

エビと立ち歩く

「2番目にあてるからね」

入学して3か月、試しに声をかけ、別な子をあてました。最初に声をかけ、予告したらどうなるのか試したのです。待てました。次は、

「4番目にあてるからね」

待つ時間を長くしました。どれくらいなら待てるのか、興味がありました。何が好きなのか、観察するとエビが好きで、その絵は本物のようでした。私は玉木くんのそばにバケツを置きました。玉木くんは、エビを家から持って来てバケツに入れ、いら立つとバケツを持って、エビと立ち歩きました。

私はエビを連れて、二人で中庭に出ました。教室には、支援員さんがいるので安心です。すると玉木くんは、エビを朝陽の当たる日なたにポーンと置きました。そして、体育座りをして丸まりました。私は、

「気がすむだけ見つめていいからね」

隣に座りました。2週間、こんな日が続きました。彼が中庭に行きたいと合図をしました。ついて行くと玉木くんが座りました。私は、

「今日は10分したら迎えに来る、それでいいかなあ」

初めて注文を出しました。玉木くんは小さくうなずきました。10分後、エビを持って授業に戻ってきました。

□子どもの世界に入っていく

良太くんは一度泣き出すと、10分以上シクシクと泣きました。私が毎週1年生の体育を受けもち、グラウンドを走らせました。1周目はうれしそうに走りました。2周目はまたかとつぶやき、足をもつれさせ走りました。3周目は少し走ると草むらへ行き、バッタを探し始めました。バッタが逃げると言って泣きました。上り棒をしようと誘うと、手がすりむけたと言い出し、再びシクシク泣きました。

「それぐらい我慢」

声をかけると逆効果。ますます大きな声をあげて泣きました。暴れられるのも困りますが、めそめそ泣かれると、こちらが悪いことをしたみたいで、気がめいりました。

□地下に誰かいる、それはきみの声だ??

次の週、体育館で体育をしました。まず走り、次は床を泳いでもらいました。そして、跳び箱を飛びました。良太くんは、

「跳び箱がぼくを邪魔する」

と叫んで泣きました。泣き出すと長いので、そのままにしました。体育が終わって教室へ戻る時、側溝の穴に足をとられ、バタッと転びました。そのままベターッと地面に張り付きました。そして、声をあげて泣きました。

（いつまで泣くのかな）

立ち止まって見ていると、

「あれ、誰か地面の下にいるみたい」

と言い出しました。

「おーい、誰かいるの。いたら返事をしておくれ」

と叫びました。様子を見ていた子どもたちが、一斉に地面にはいつくばって、

「誰かいるの？　返事をしてー」

とマネました。良太くんが、

「おーい」

と叫びながら、

「おーいって、地下から声がする。誰かいるよ」

とよろこびました。

（それはきみの声だよ）

私は言いそうになりました。

子どもたちが、

「ほんとうだ」

と、一斉に叫びました。次の授業のことは忘れました。これが子どもの世界だと思ったからです。

気がすむだけ叫んだ後、私は良太くんと並んで歩き、教室へ戻りました。途中、保健室の前で、

「ぼくね、小さいころ、母さんに川に捨てられたんだ。母さんはパトカーに乗って行っちゃたんだよ。

すぐに帰ってきたけどね」

と、私を見上げてささやきました。反応に困りました。良太くんのしつこい泣き声は、そんな幼い頃の生い立ちや記憶と関係あるに違いありません。泣いても誰も助けに来なかった。だから、今も泣き続けている。そう分析すると良太くんの泣き方が理解できました。幼い頃の記憶、アタッチメントに課題があるようでした。

動物園に見学へ行った時、良太くんの水筒がなくなりました。玉木くんが「ライオンのオリの前だ」と走り出し、3人でライオンのオリへ行きました。目ざとく玉木くんが水筒を見つけ、バスまでまた走りました。学校に帰り着くと、良太くんは水飲み場で水を汲みながら、

「ぼく、もう少し学校にいたい気分」

とつぶやきました。その言葉を聞いて、

(気長に、子どもに付き合うしかないな)

私は心の中で思ったのでした。

3 一律な授業から、子どもに合わせた指導へ

子どもの世界に入っていくとは、当事者である子どもたちの興味から出発することです。学校や授

業のスタンダードを子どもに押し付けることとは違います。教室には40人近い子どもがいて、みんな一人ひとり異なる人間です。一律の指導から多様性を認める指導へ、これが本当のインクルーシブ教育です。

1年生になったから席に座れるとは限りません。子どもはできないことがいっぱいあるから子どもです。玉木くんが10分待てるようになった頃、生活科でこんな文を書きました。

　きれいな葉っぱ
ビオトープの低い木の下で、
手と同じ大きさ　茶色い葉っぱ
一枚だけ落ちていた
ぼくはさわった　かりかりしていた

泣く、立ち歩くという行動は、気持ちをうまく抑制・コントロールできないから、そういう二次的な形で表現していると見ることです。二次的な行動を解決するには、もとにある感情を言語化することです。

Part 1

7

突然キレて別人に

負の感情を授業でケアする

口汚くののしり、相手かまわず言葉と暴力で襲いかかる子がいます。席に着いたかと思うと立ち歩き、チョークをとろうとします。注意すると教室から叫びながら出て行き、授業はボロボロでした。そのうえ、朝から漢字ドリルだけをしたがる子とこれに呼応して暴れ出す子もいて、学級はずっと落ち着きません。

1 キレて暴れる、それは叫び

突然キレて別人になる、これは子どもにとって、まわりの世界が一瞬にしてガラリと変わったことを意味します。これまで味方だと思っていた人が、敵として目の前に立ちふさがっている。仲良しだと思っていた子が、自分に言い返し、敵意をむき出しにしているかのように思え、先に攻撃し身を守ろうとしています。まわりが敵に見えたのです。

このようなタイプの子は、学校という戦場で一人戦っていました。先にやらなければ、身は守れません。安心感など程遠いのでした。それはどうしてなのでしょう。幼い頃から、誰からも守ってもらった経験、思い出がないからです。それどころか、虐待、暴力を受け、フラッシュバックし、「またやられる、守らなければ」と暴れ出しました。成育歴と関係しています。だからこそ、負の感情をケアする、マイナスの記憶ごと抱きかかえることが重要です。

2 世代間連鎖、負の感情を対話でケアする

フユキくんは、授業中に突然キレて暴れ出しました。暴れるとは、人をけなす、ののしることで、相手が言い返すとサーッと走り、飛び蹴りをしました。感情の制御ができません。担任は、暴れるの

をやめさせようと、

「そんなことをしたらダメでしょう！」

注意しました。すると、今度は先生を蹴り、ののしり、授業は中断しました。４月から支援員さんが付き添っていましたが、フユキの反抗とののしりに傷つき、３か月で辞めていきました。

「どう注意したらいいのでしょうか」

その問いが間違いです。注意はしません。

「嫌なことがあったんだね。がまんできないんだね」

彼の感情を抱きかかえてあげることです。だけどそれができません。注意し、反抗するので、もっと強く叱りました。フユキくんは、教室を飛び出しました。別の支援員さんが追いかけます。トイレに逃げ込みました。支援員さんが、

「10数えるうちに出て来い！」

大きな声を出しました。翌日、フユキくんのお母さんから、

「もっと子どもに合わせた上品な指導をしてほしい」

と手紙が来ました。支援員さんは、

「こんな子に出会ったのは初めてです」

と説明しながら詫びました。お母さんは、

「詫び方が気に入らない」

さらに校長に電話しました。

フユキくんのライフヒストリーと連鎖

とにかく、フユキくんの様子を見に来るように校長も粘り強く話しました。次の週、お母さんがやって来ました。フユキくんはお母さんの顔を認知すると、さっと黒板から席に戻り、自分のイスをお母さんのために持っていきました。母の顔を見るといい子になる、繰り返しでした。

担任はこの変わりように疑問をもち、フユキくんの生い立ちを調べました。お母さんは、病院で働いていました。フユキくんが生まれた時から、普通の子とは違うなと感じながらも先回りして、次から次へと指示を出し、ガミガミ言い続けたそうです。先日、おばあちゃんがフユキくんに傘を届けに来ました。見ると大変若いおばあちゃんでした。前担任によると、おばあちゃんは17歳ぐらいの頃、フユキくんのお母さんを産んだようです。お母さんは以前から、

「お母さん（祖母）の世話にはならない。私は自分が育てられたように放りっぱなしにはしない」

と、話していたそうです。その結果、先回りをして、あれこれと注意し続け子育てして、親がもつ負の感情がフユキくんに伝言ゲームのように転移し、世代間連鎖ともいえる状況を生みました。トイレ事件以来、お母さんやお父さん、おばあちゃん、いとこのおばちゃんまで学校にフユキを見守りに来るようになりました。私は、

「きみは愛されているんだね」

と授業中、意識的に話しかけるようにしました。注意から始まっていた彼との関わりに変化が生まれました。

不安という気持ち

マメタは青い帽子がお気に入りで、授業中もかぶっていました。1時間目から漢字ドリルを開き、飽きるまで取り組みます。2年の漢字ドリルも取り寄せました。この時は静かです。フユキがベランダ側に座り、マメタの席は廊下近くにありました。入学後すぐは、フユキが叫ぶとけなし、蹴り合いになりました。最近では連れ立って暴れる、教室から脱走する場面が増え、教室の隣にある教材室を「1年ウオッチ組」と名付け、好きな絵本を運び込み、秘密の基地を作りました。担任は教材を全部移動させ、入口にカーテンをつけました。いい対応だと思います。

最初の頃は、授業中脱走すると追いかけたそうです。私は、

「教室にいる子どもたちをまず落ち着かせること。次に二人が脱走して逃げ込む場所をつくってあげたらどうですか」

と、提案しました。すると、二人は校舎の外には出ないことがわかり、教材ルームの小部屋が気に入り、基地に改造し勝手に名前を付けたそうです。

「二人はバラバラに暴れていたのが、仲間になったんですね。成長ですよ」

徒党が組めるようになったことを歓迎しました。

マメタのお父さんは暴力的でした。お父さんとゲームをして、お父さんが負けそうになると暴力をふるい暴れたそうです。お母さんも殴られたようで、これ以上一緒には暮らせないと、やっとのことでマメタを連れて離婚したそうです。マメタは幼い頃から聞き分けのいい子で、ちっとも手がかからなかったと教えてくれました。家庭で自分の感情を凍らせて暮らしてきたようでした。

□ネガティブな感情を授業で手紙にする

9月の第1週、生活科の授業の時、子どもを連れて学級園に出ると、マメタが、

「おれ、フユキの隣がいい」

と、並ぶ場所を変わりました。勝手な要求に聞こえますが、初めて自分の感情を言葉で言えたとも思いました。教室に戻ると、マメタが「1年ウオッチ組」に閉じこもり、授業をエスケープしました。

フユキくんがチラチラと覗きに来ました。私は小さな手を握りながら、

「フユキと何かあったんか」

と聞きました。口をとがらせて涙を溜めていました。不快な感情が渦巻いて、気持ちの整理ができないようでした。

「フユキが好きなんか」

話題の方向を変えると、小さくうなずきました。

「だったら、好きや。仲良くしてくれ、と抱きつけばいいやろ」

と、ネガティブな感情を肯定的な言葉に変えて話しました。すると、

「はずかしい」

不安な言葉を口にしました。素直に感情を言葉にできたら、もっと自由に生きられるのにと思いました。閉じ込めた感情がマメタを襲うのです。

「じゃあ、ぼくとジャンケンしてきみが負けたらしろよ。1回勝負」

ゲームにしました。私が負けました。

次の週、国語で「ガマくんの手紙」がありました。担任と相談して、学習の目標の一つをマメタくんとフユキくんが手紙を書いてやり取りし、自分の気持ちを伝えることにしました。二人が書いた手紙の半分は悪口です。悪口を言い、けなし合いながら、マメタが、

「休みじかん、1年ウオッチ組でまっているよ」

と書いて机の中に投げ込んでいました。気がつくと青い帽子は脱いでいました。

3 注意の前にたっぷりケアする

1歳健診や2歳健診の時、うちの子はどうも落ち着かない、ちょっとおかしくないかと保護者も気になり始めるとします。すると先回りし、ガミガミ言うか、もっと厳しくすればできるようになると口だけでなく手が出るケースもあるでしょう。場合によっては夫婦の関係がこじれることもあるはずです。それらの経験によって子どもは、家でよい子にしておこうと感情を抑制し、凍らせます。こうしてネガティブな感情を抑制したまま成長すると、突然別人のようにキレ、暴れることになるのです。我慢できず、本当の自分が顔をのぞかせるのでした。それだけ深く傷ついているということです。この場合、重要なことは子どもをケアすること。ケアするとは、

「そうなの、つらかったんだね」

とか、

「わかるよ。きみなりに頑張ったんだね」

と、子どもの言葉をうなずきながら受けとめ、閉じ込めていた感情と言葉を結び付けることです。マメタとフユキはバラバラな生活から肩を組んで暴れることができるようになり、ウオッチ組という秘密を共有できるようになりました。5歳くらいまでに経験してほしかったことを今なぞっていると読み取ることです。

だからこそ発達を取り戻す視点に立ち、見直したのは授業です。マメタは、漢字を使って書くことが好き、この点から授業のあり方を探っていると、ちょうど手紙の授業がありました。手紙にはひそかな思いと、それがうまく伝わるかなというハラハラがありました。ネガティブな感情を要求として言語化し、相手が応えてくれるのかどうか待つ、このハラハラ感がたまらなく心地いい時間になり、苦境を乗り越えることができました。まさに癒しの時間です。

Part 1

8

すぐに手が出る、口が出る

体格がよく、空手が得意な男の子。ひとたび怒り出すと相手をののしり、叩きます。叩かれた相手は、鼻血を流し、保健室に直行しました。学年が上がるにつれ、叩くことは暴力へと変わりました。この暴言と暴力をやめさせたいと思いました。

1 「暴力はいけない」、叫んでも無駄

高田くんは、3年の頃から空手の九州チャンピオンでした。胸板は厚く、見た目もすらりとカッコよく、女子に人気がありました。けれど、ひとたび怒り出すと「バカ」を連発し、相手が言い返すと叩きました。叩くのは空手で習った顔面でした。休み時間が危険でした。けれど、学習は普通にできるし、支援員さんがつく必要もありません。体格もよくドッジボールが大好きで、休み時間は外に出ました。汗をダラダラと流して、

「短くねえか」

と言いながら戻ってくれば、いい調子です。

しかし、

「先生！　高ちゃんが暴れています」

と伝令がやってくると、50％以上の確率で誰かが鼻血を流していました。身体を抑えると、「バカ、死ね」を連発して止まりません。6月、7月と人を叩きました。10月になると体重が45キロになり、叩いたではすまなくなりました。パンチが強すぎました。昨年の担任は、何度か保護者も一緒に注意したそうですが、保護者も弱い方が悪いと言い切ったそうです。保護者を毎回呼んでも無意味だと思います。

私が「暴力はだめやろ」と注意すると、空手の先生から、「やられたらやり返せ」と教わっている

と怒り出し、聞こうとしません。高田くんの心の中には、空手の先生がドーンと陣取っていたのです。子どもの心の中にいる大人、この人が影響力をもっている以上、こちらが外野で何を叫んでも無駄でした。心の中の住人を変えなくてはなりません。

2 衝動的になぜ、手が出る？

楽しいことを計画して、気持ちをそっちに向ければ、人を叩かなくなると考え、スポーツ大会を企画しました。身体を動かす効果で少しは落ち着いたものの、大会の練習から勝ち負けにこだわり、衝動的に空手の技を繰り出し大騒ぎでした。そこで、もっと単純なことで忙しければいいと考えて、席を教卓の前にして、黒板係にしました。けれども、すぐに仕事に飽き、黒板消しで遊びます。そのうえ、授業中に高田くんの「バカ」「まぬけ」と、バラバラに突発的に単語でつぶやく声が私の耳に入ってきて、こっちがいら立ってしまいました。注意すると、今度は机を蹴るようになりました。それを見て、何かをとがめて注意すると、別の行動に出るということはわかりました。要するに一つひとつ、注意しても何の効果もないということです。

教師の気持ちを冷静に

10月が過ぎ、まず席を私から遠いところにしました。私の気持ちを冷静に保つためです。高田くんのまわりに穏やかな女子を置きました。女子には前もって、お願いすると引き受けてくれました。とはいえ、期間を区切り負担を減らしました。

□ペア活動を取り入れる

次に意識的に授業でペア活動を取り入れました。どの教科でもまず教科書をペアで読みます。一人が句読点まで読むとバトンタッチしてリレー読みです。速いペースで交代しながら進むので、漢字があまり読めない高田くんもそれなりにできました。なにより、隣の女子が穏やかなので、その雰囲気で進みました。

□グループ活動に広げる

ペア活動が成り立つことがわかったので、人数を拡大してグループ活動も取り入れることにしました。国語のまとめ新聞、社会の調べ学習やまとめニュースなどです。長い時間は不安なので、10分程度にしました。高田くんは床に寝そべり色鉛筆で色を塗りました。グループ活動を通して、誰とならば付き合えるのか、人間関係を見ていきました。高田くんがふざけてもやり過ごす、遮らない子が相性のいい子でした。

□近所の子にケガをさせる

少しはよくなったかなと思っていた11月、高田くんが近所の子を殴り、ケガをさせました。今度だけはお母さんも暴力を減らしたいと言い出しました。私は帰り際に、

「今日は暴力をふるいませんでしたか」

と、振り返りを行うようにしました。ちょうど、隣の教室は算数ルームだったので、私と高田くんとグループの子らで、毎日5分間リフレクションを行いました。繰り返せば自己内対話が生まれるはずでした。グループの子を加えたのは、おとなしい女子がある程度突っ込みを入れても話し合いになっていたからです。この子たちが、話し合いの場面で私の代わりに、高田くんへ何かハッとさせる言葉を投げてくれないかと期待していました。高田くんは、叩く日と叩かない日がありました。繰り返していた2週間目、ひどく相手を殴ることがありました。グループの女子が、私に向かってひそひそささやきました。私は、

「高田くんに向かって言ってごらん」

と指差しました。

「高田くん、心の中にやめろって、止める自分はいなかったの」

女子がやさしく問いかけると、

「やめろって止める自分?……いなかった」

不思議な顔をして首を振りました。

「ふつういるでしょ」

女の子は驚きました。私は、

「あなたが、高田くんの心の声になって止めてよ」

と頼みました。高田くんが誰かを殴ろうと手を挙げた瞬間に、

「止める自分」

女子が声をかけました。こうやって放課後に、

「今日は暴力をふるったのかな」

私が質問すると、

「ふるっていませーん」

うれしそうに答えました。グループの子は教室の後ろの黒板に、連続12日間、無事故無暴力と書きました。これがさらに増えていき、3週間目に入りました。

3 シングルフォーカス、突発的な暴力

人は普通、言葉にする前に、こう言ったらどう思われるだろうと考えます。その考えを双方向的理解と呼びます。相手のことなんか気にならない、気にすることができない子をシングルフォーカス、一方向的理解と見ることができます。立場を置き換えることが苦手、空気を読まない子です。私は気にしすぎるタイプなので、シングルフォーカスの人が好きですが、子どもの場合、瞬間的に手や言葉が出る子です。一息ついて、考える。これができません。自分の感情を制御できない子です。ワンクッション置くために、「止める自分」とかけ声をかけることが、内なる他者となり、自己内対話が始まりました。そのおかげで、高田くんはいったん立ち止まり、もう一人の自分と対話し、行動を制御できるようになりました。グループの女子は高田くんの内なる他者となり、心の中に住んだのでした。

暴言があいさつ

興味のあることから
学びへつなぐ

こちらが「おはよう」と声をかけると、「死ね」と言い返します。そのうえ、「死ねは、ないでしょ」と注意すれば、「うるせぇ」ときて、さらに「くそじじい」と続きます。このあいさつはあんまりです。どうにかならないでしょうか。

1 どうにかしたい、我慢ならないという感情を捨てる

言葉が乱暴な子どもにしばしば出会います。もっと違う言い方ができないのかと思いますが、できないのです。子どもの言葉というのは、育った家庭の言葉です。その国の文化です。大きく考えると、文化が異なるので、子どもが「死ね」と言ったところで、こっちが感じるような意味はなく、相手からすると、「おはよう」と返した気分になっています。朝起きると、乱暴な親から「今日も生きてるんか」と言われ、何かを答えると、「死ね」と続き、それが子どもの言葉となり、あいさつになるような関わりの中で生きてきたと想像することです。子どものすさんだ文化に、いつか風穴を開けたい、そう考えましょう。

だから、教師は自分の感情をもちすぎず、透明人間になり、ああ、風が吹いたんだぐらいに受け取るのんきさが必要です。朝のあいさつに、子どもが何を言ったかではなく、反応してくれたことを重視しましょう。そこで、「ありがとう」のような懐の大きな受けとめ方がいいと思います。この場合、「ありがとう、長生きするからね」ぐらいの返しが楽しくないでしょうか。

2 自殺のマネ、モデルは誰？

佐相くんは、半年前に兵庫の学校から3年に転入してきました。お父さんが沖縄の方で戻ってきたのでした。校門前の横断歩道で校長先生が、

「おはようございます」

ていねいに声をかけると、

「死ね」

決まって返してきました。他の先生が、校舎内で声をかけても、

「死ね」

と怒鳴り返します。授業中は勝手にお気に入りの男子のところにイスを持っていくこともありました。それを注意すると「くそじじい」と叫ばれました。日によっては、30センチ物差しを包丁に見立てて、

「死んでやる」

と叫び、死ぬマネをしました。コンパスやハサミで自分を刺しました。

□佐相くんの対応法

佐相くんに嫌な言葉で返事された時、いちいち本気で受けとめているとこちらが傷つくので、「お

はよう」と声をかけ、相手がどんな言葉を返してきても、「元気ですね、よかった、よかった」と言葉を返すことを決めました。心に鎧をつけたのでした。

佐相くんが死んでやると叫び、自殺のマネをした時は、「死にたくなるほどつらいことがあったんだね。あなたがいなくなると、先生は悲しいよ」と、バラバラの記憶を受けとめて、感情と言葉をつなぐことにしました。過去の未解決の記憶と感情を結び付け言語化し、こちらの気持ちを伝えるのです。

☐ 佐相くんだけでなく、まわりを育てる

それでも佐相くんとはぶつかり、「じじい」呼ばわりされました。「死ね」はいつものことですし、鎧を着たので気にならなくなりました。ここで、私が考えたことは、どうしても佐相くんが気になるけれど、それ以上にまわりの子に気持ちを向け、「あなたたちは、ちゃんとしてくれてありがとう」「おとなしく待っていてくれてありがとう」と、声をかけるようにしました。

☐ 好きなことをクラブにする

1か月後、佐相くんは好きな男子のそばにイスを持っていき、隣に座るようになりました。5時間目はそのままにし、6時間目の前に「算数は自分の席に戻ってくれませんか」と声をかけると戻るようになりました。私は彼の隣に小さなイスを持っていき、ちょこんと腰掛けました。試しに背中をさすりました。こういうアタッチメントは嫌がらないようでした。次に、机の上の手提げを棚に置き、

前の時間の教科書をカバンにしまい、散らばっていた鉛筆を筆箱に入れ、一本だけ残して机の中に入れました。机の上はすっきりして、ノートと鉛筆しかありません。算数の先生が授業をしているけれど、それにはついて行きません。ただ10分くらいして、ノートに字を書こうとしたので、

「あれを写せばいいよ」

と短く声をかけると、思ったよりきれいな字でサラサラと書きました。

机の近くの棚には、プランターが置いてありました。昼休みから掃除時間にかけて、学級園や花壇をウロウロして、鉢を集めていたので、

「花が好きなのかい」

と尋ねると、コクリとうなずきました。空の鉢を集めて土を入れ、花を植えることにしました。どの花を植えるのか、佐相くんが選びました。こうやって、「鉢がっぱクラブ」をつくりました。

すると、佐相くんの次にトラブルの多い子が花植えを手伝い始めました。3人、4人と増えました。

誰かが、

「この花はなんていうの」

と、名前を聞いてきました。佐相くんが次々と花の名前を教えると、まわりの子どもが驚きました。

それで、お花図鑑をつくり、本にしました。今でも時々、佐相くんは暴れます。注意すると、

「うるせー、じじい！」

と、怒鳴ります。するとまわりの子が、

「先生は、じじいじゃない。まだ若い」

と、守ってくれるようになりました。

3 遊びは授業に欠かせない

私は、「今日は乱暴なことを言わなかったから、鉢を一つあげるね」と、約束を守ると大好きな鉢をあげることにしました。興味があること一点から、遊び仲間を増やし、学びへと転化させました。偶然もありましたが、この子は何に興味があるのだろうという見方で、子どもを見ていたからこそ、発見できたことです。

佐相くんの自殺のマネは、お父さんが家でしていることでした。お父さんは、家庭で暴力をふるい、お母さんが出ていき、沖縄に帰ってきました。佐相くんは、幼児期の何かを未解決のまま引きずり、今に至っていると考えるべきです。では、お父さんの育て方が悪いのかというと、お父さんも育てられた通りに育てているのではないかと仮説を立て、お父さんの成育歴の中に未解決のことがあり、暴力をふるっていると見ることができます。子育ての連鎖です。家庭での育ち、アタッチメントの問題は、家庭の問題ではなく、世代の問題です。

朝のあいさつは彼のモデルとなっている大人の言葉です。だったら、別なモデルを学校でつくりましょうと、私は考えます。しかし、それを口で言っても、どうにもなりません。大げさに考えると、子どもたちはそれぞれの国からやってきている、いわば大使です。彼らを交わらせ、遊ばせることで、国際交流が起きます。授業に参加してほしいと思うなら、遠回りのようですが、豊かな遊びや活動が必要です。遊びの中で、人との関わりを学び、自分を太らせていくことができるからです。

学んでいるような遊んでいるような授業、そのうえ立ちあがっても、前の黒板に出て行ってもいい。学ぶことに関して自由で、あれこれ制約のない教室で授業を受けることができたら、どんなに多くの子どもたちが、救われるのかと思えてなりません。子どもたちのきまりの重荷を降ろしてほしいと思います。

4 授業を見直す、自分を見直す

そのためには、教師一人の力でなく、同僚や支援員さんの力も必要です。子どもたちの力を引き出すことも必要です。

「あの子は、発達障害があるから、支援学級ね」

と子どもを切り離し追いやることは、インクルーシブ教育ではありません。共生社会をつくるとは、相手のいいところを引き出し、出し合って生きていこうとすることです。あなたのまわりの地域社会は、そうなっていませんか。子どもに対しても、職員に対しても、同様な見方、考え方で、変わった子や一見おかしな行動をとる子を、

「あの子は、ああいう子なんだよ」

といい意味で容認し、

「こんないいところがあるんだよ」

と、異質な他者を認める学校だったら、どんなに生きやすい学校生活になるでしょう。

子どもに型を押し付ければ、カタチからはみ出す子どもが出てきます。その子があなたに反発し、困っているのではありませんか。子どもたちは、

「おれたちは苦しいんだ」

と叫んでいるのです。

幅広く柔軟に、子どもを受け入れることのできる授業、教師の指導とはどういうものか、見直してもらいたいと思います。このような考えから、2章の授業を提案します。

part 2

授業のここを変えよう、エンパワメント

Part 2

1

授業で学級づくりってどういうこと

発表者を見る、
目と心で聞く、
多すぎる学習ルールで
クラスはなんだかおとなしい。

CHANGE!

発表が多いクラス、教え合うクラスにするためには、「楽しいクラス」をつくる。

1 よい授業とは？

授業を見に行くと、

「どんなクラスだろう」

と、楽しみにしていませんか。落ち着いたクラスかな、立ち歩く子はいないかな、先生はどんな教え方をするのだろうと、胸おどらせて教室へ向かっているのではないでしょうか。教え方だけが一人歩きをして、参加している子どもや学級が気にならない人はいないでしょう。教え方というのは、そこにいる子どもたちの実態と関係しているので、少しぐらい説明が長くても大丈夫なこともあれば、一つひとつ区切りながら確認した方がいい場合もあるでしょう。子どもの実態に合わせて教え方を工夫するわけですが、学級の実態だってもっといい方に変えたい、そう思いますよね。これを学級づくりと呼びます。

よい授業とは、教える側と教えられる側の息が合っていることです。教えられる側の子どもたち同士の人間関係が良好で発言しやすく、「わからない、困った」と言うことのできる関係づくり、それが学級づくりです。

2 学級づくりとの関連

どんな授業の現実があなたの前に起きているのでしょうか。授業と関係している学級づくり、それは毎日の授業のどこにあるのでしょう。

場面	様子
問題を出してもシーン	反応がない。発表もなければやる気もない。
発言する子は同じ	手を挙げるのは、決まって「いつもの子」。
話し合えない	話し合ってみようと呼びかけても固まっている。動かない。
はじまりからザワザワ	チャイムが鳴っても静かにならず、本もノートも出さない。
みんなバラバラ	声をかけ教えてあげればいいのに知らんぷり。誰も教えない。
バカにし合う	指名しても答えない。間違うと「またや」とけなし合う。

3 授業で教え合うスキルを育てる

授業の現実、それは授業場面に現れる学級の姿であり人間関係です。私はこれをみんなが大切にされて支え合う関係につくり変えたいと考えます。そこで「授業の場面を使って学級づくり」となるわけです。

リーダーを育てたいと思っています。けれど特別活動の時間だけでは、どうしても少なすぎてうまくいきません。

→ だったら、授業の中でリーダーを育てましょう。学習班やグループをどの授業でも使い、意見の言い方やまとめ方、声のかけ方を教えたら、授業も楽しい、学級も仲がいい、きっとよくなります。

話を聞いてくれない。落ち着かない。いい授業をするどころじゃありません。授業が成り立つのか、それさえ際どいです。

→ わかります。その危機感。けれど一番の悩みは、話を聞かない子に誰も声をかけてくれないことではないですか。子どもの中に働きかけが起きていたら、あなたの気持ちも軽くなるでしょう。

4 子どもは授業のパートナー

楽しい授業をするとは、教師の発問に子どもたちが反応し、子ども相互の討論が生まれることです。討論とはいかなくても、子どもの発言に他の子どもが質問し、絡んでくれると、「今日の授業は盛り上がったなあ」と教師も子どもたちも感じることでしょう。

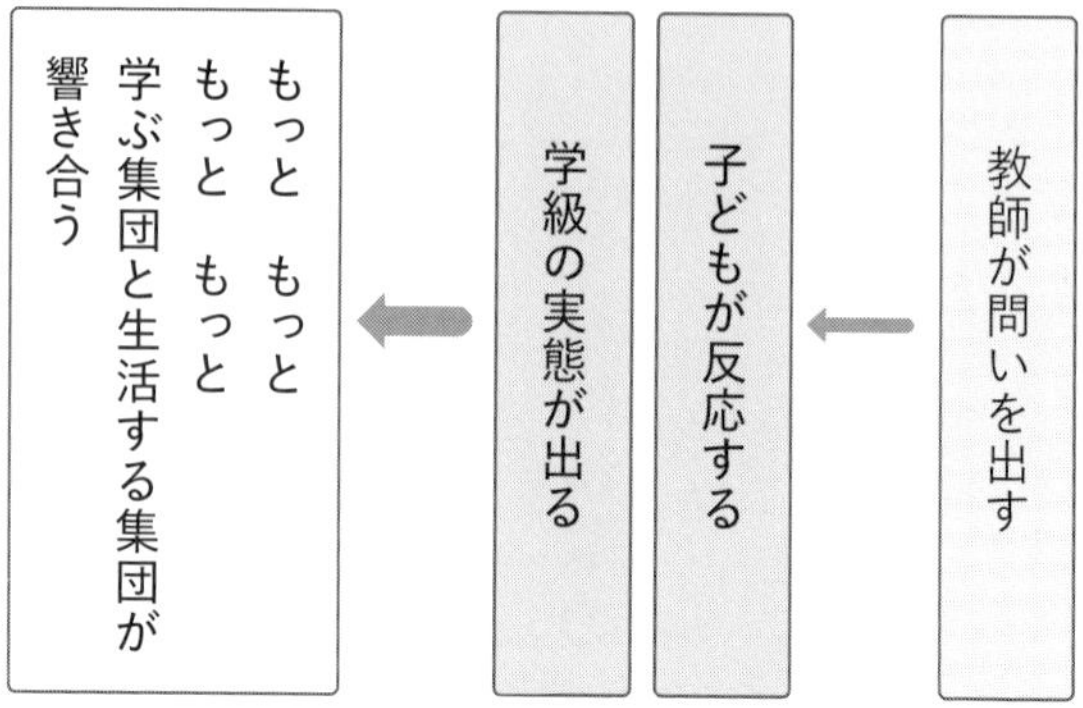
教師が問いを出す
子どもが反応する
学級の実態が出る
もっと　もっと
もっと　もっと
学ぶ集団と生活する集団が
響き合う

しかし、子どもの反応の仕方によっては、クラスづくりができていないと指摘されることもあります。教師が教科書を中心に内容を教え、それを受け取るのが授業だと信じ、いかに効率的に受け取らせるかと考えれば、個別に教え込んでも学ぶことはできるはずです。なのに、どうして集団で学ぶのでしょうか。ここに学ぶ意味があると考えます。それは、教え込まれてもつまらない。自分たちで答えにたどり着く道を見つけたい。見つけるためにああだ、こうだと模索することが楽しい。その模索のためには、集団がいるということではないでしょうか。そこで、学ぶ集団が必要になるわけです。そして学ぶ集団は、ともに学校で生活する集団です。二つの集団づくりは、表裏一体というわけです。

5　柔軟に授業をデザインする

子どもたちが落ち着くような授業をしましょう。そのためには、自分や学校の型にこだわらない、はめすぎないことです。目の前にいる子どもの姿に合わせて授業を考えることからスタートしましょう。

子どもたちの発言が多く、豊かに展開される授業は、教師にとっても子どもにとっても理想です。子どもたちは教師の説明を聞きながら、「なぜなのか」「どうしてそうなるんだろう」と、内心疑問に思っているはずです。その疑問を子どもの発言や反応から引き出し、学級に問うような学習に転換したいものです。そこで重視されるのは、学級づくりのプラットホーム化、基盤づくりです。疑問やひらめいたことが安心して言える学級なのか、ということです。

子どもは授業において受け身ではなく、主体的に関わりたい、積極的に参加したいと願っています。教師だってそうあってほしいと思っているでしょう。けれど、教師が教える人で、子どもが学ぶ人だと分けているとそうはいきません。学習を教師と対等に共同でデザインする、このような視点に立つことで初めて成り立つのです。競争から共同へ。注目すべきは子どもと子ども、子どもと教師の共同、この共同こそ多様な人がともに生きるインクルーシブへの道です。

Part 2

2

多様な考えを認める問い、例えば国語

「その時どう思ったでしょう。

自分の考えを言おう」

と質問して、

「答えはこれでした」。

問いと答えは用意されている。


CHANGE!

「それもいいなあ、おもしろい考えだね」
どれが答えかなんてない。
世界は答えであふれている。
幅のある問い、幅のある返しを！

1 多様性を認める問い

国語の授業は最も子どもの発言を認めやすく、伸ばすことができます。それは、国語という教科の性格に幅があるからです。何を発言しても認められ、受け入れてもらえるコミュニティだとしたら、「できる、できない」の世界で自分を痛めつけてきた子どもには、全く新しい世界でしょう。また、そういう世界をつくってあげたいと思います。ここに生活指導的な視点が誕生します。目の前にいる子どもたちが、正解を求められ、子ども同士が「どっちができるか」競争し、勝ち組はさらなる競争へ。負けた子どもたちは、そこで傷を負い、授業に参加する意欲を失い、授業を邪魔する反抗的な態度をとることもあるでしょう。このような子どもたちの傷を癒し、バラバラな教室から、支え合い励ます教室に変えるには、教師と子どものパートナーシップのある授業への転換が必要です。しかし、一問一答の授業では、そうはいきません。それは答えが一つだからです。子どもたちは先生が問いを出したあと、答え探しを始めます。けれども答えは一つです。自信のある子が発表すると「ああ、やっぱりな」と、ある種あきらめます。ここでも子どもたちは、人と比べて「自分はダメなんだ」と思い込みます。思い込ませるような授業をしているからです。

「できる、できない」の世界から、「それはいい考えだ」と多様性を認めることのできる発問へ。それが子どもの傷をケアし、落ち着いた学級、授業づくりにつながります。

2 授業で受容する

子どもたちを認める、ほめることのできる問いとはどんなものでしょうか。答えが一つではなく幅のある問い、活動について考えてみましょう。

音読	教科書を音読しようと呼びかける。そして何人もの子どもに音読してもらう。	一人読むたびに音読のいいところをほめよう。音読に始まり子どもの出番を増やし声をかける。
想像	この言葉からどんなことを想像したか。想像したことを発表しよう。	想像したことを発言すればいいので、そこは個人の主観。正解はない。なるほどと認めよう。
漢字学習	この字を使って文を作ろうと呼びかけ発表会をしよう。	できるだけ愉快な、ちょっとおかしな文を紹介し、気楽さをアピールすると学ぶ楽しさ倍増。

一時間の授業の中で、どこかに「いろいろな考え、感じ方があるね」と教師がコメントすることで、子どもたちは「みんな違ってみんないいんだ」と、実践的に学びます。

3 認めるコメント

子ども一人ひとりが発言できる場面をつくり、発言に「そうきましたか」などと相槌を打ち認めていこう。

こうすると子どもたちは、この先生は「やさしい、自分をわかってくれている」と、安心してくれるだろう。

安心してくると、他の子どもを言葉や態度で攻撃することが減り、落ち着いて席に座っていることができるようになる。

このような学習活動には、国語としての目標もあるわけですが、ここでは、国語の学習をこんなふうに展開すると、「おもしろそうだな」「ぼくもできそうだ」と、これからの授業に興味をもつことの方を重視します。まずは学習に対するやる気を育てたいからです。それは、これまでの学習で「自分はダメだ、できない」と傷つき、あきらめている子に「きみもやればできるよ。一緒に授業に参加しよう」と、メッセージを送り励ましたいからです。

励まされるということを通して、子どもたちは教師と信頼の糸を結ぶのではないでしょうか。まず授業で、子どもを認め受け入れることは、子どもに教師が認められ受け入れられることになるのです。

4 例えば詩の授業

国語の教科書には、とびらの裏側に短い詩のような文が載っています。初めはこの短い文を使い「授業びらき」を行います。授業びらきというのは、学年の最初の授業ということを強調したくて使っています。子どもたちはこのようなちょっとした表現が好きなようで関心をもってくれました。

ぼくらのもの
大きくなったら
なにになるんだ、
そう聞かれたが
まだわからない。
波がさわぐ
波止場に立って、
どこへだって
自由に船出できる朝の
海にあふれるきらめき

（略）

視点

授業で自分を表現する場を意識する

❶大きな声で工夫して音読しよう。
❷読む気のある人に挙手してもらいあてる。
❸10人くらいに読んでもらい、その都度ひとことコメントし、ほめる。
❹「大きくなったらなにになるんだ」に答えようと呼びかけ、書いてもらう。
「そう聞かれたがまだわからない」と続けるか、「そう聞かれた、自信がある」と続けるか決める。
❺こうやって自分の書いたものをオープンに交流し互いの距離を縮める。
❻さらに続きを書いて終わる。

5 エンパワメント

子どもたちが授業に乗ってこないのは、「どうせできない」というあきらめがあるからです。そういう思い込みをつくったのは学校です。教師です。だったら、正解が一つとは限らない、子どもたちが参加できる問題に変えましょう。

「それもいい発言だね」

「これもいいね」

「きみの考えもなかなかいいね」

どれも認め受けとめて、子どもたちの人間としての力の回復、エンパワメントをめざそうではありませんか。学ぶということは、自分の考えを表明することであり、勇気が必要です。間違っても受容してくれる仲間がいる学級だと感じていれば、冒険の壁は低くなるでしょう。子どもたちは問題を解きながら、自分の殻を破ることに挑戦し、人生の苦難に立ち向かう勇気を得るはずです。

問いを変えること。小さなことのようですが、実は大きな可能性を秘めています。幅のある問い、多様性を認める問いを考えることは、授業を超えて子どもの未来に大きな影響を与えることになるでしょう。

Part 2

3

正解主義だとクラスが荒れる？算数

「答えはいくら？」
いくらもないよ、
正解へと続く道は一つだけ。

CHANGE!

「どんな解き方があるかな？
自分のやり方で解いてみよう」
問いかけの間口を広げよう。

1 できる、できない、こだわり

算数は最も「できる、できない」のパラダイムを生み、子どもを傷つけている教科かもしれません。それは答えが一つで正解か間違いか明確だからです。それだけ教える方にとっては目的地がはっきりしており、指導しやすい教科だということができます。しかし、子どもにとっては、正解にたどり着かない限り「できなかった……」という思いに駆られる面をもつ、嫌な授業でもあるのです。

この「できなかった」という思いが、子どもの心をいら立たせ、ダークなものに変えました。史郎くんは、算数の授業になると教科書もノートも出しません。

「本とノートを出そうね」

「さんすぅ？　おれいい……」

いいと言われても困りました。荒れている高学年の子どもに出会っても、本やノートを出しません。出しても乱雑に机の上に置いて開こうとはしません。それはなぜでしょう。本やノートを出し準備するということは、学習に参加するということです。参加するとスポーツに例えれば記録が出て順位がつく。おれはどうせできないからビリになる。そんな順位はゴメンだと彼ら、彼女らは表現しているのだと思います。当然なことだと思います。

2 正解主義では救われない

答えは一つだとすると、答えを問えば一つだけが正解ということになります。けれども、「どんなふうに考えて解いたのか、発表してください」と聞けば、考え方や解き方を説明することになります。この場合、正解までたどり着かず、道半ばで挫折することもあるでしょうが、間違いではありません。途中まではできている、あるいは努力は伝わります。こういった過程を取り上げ認めることが、寄り添う案内人としての教師の役割です。学習内容を教えるだけでなく、人をどう見るのか、人間の見方を授業の中で伝えていると思います。では、具体的にどんな解き方があるのでしょう。

絵で解く	問題を自分なりに絵で表し、なんとか考える。
図で解く	面積図や線分図に問題を表し、問題を解く。図は大事。
式で解く	計算の式に置き換え、解く。普通これが正解。
式と言葉で解く	解き方を式や文を使って説明する。高校的。

3 多様な学習モデル、解き方を問う

例えば、5年生で指導が難しい単元の代表が「単位あたり量」です。授業の流れの基本は次の通りです。

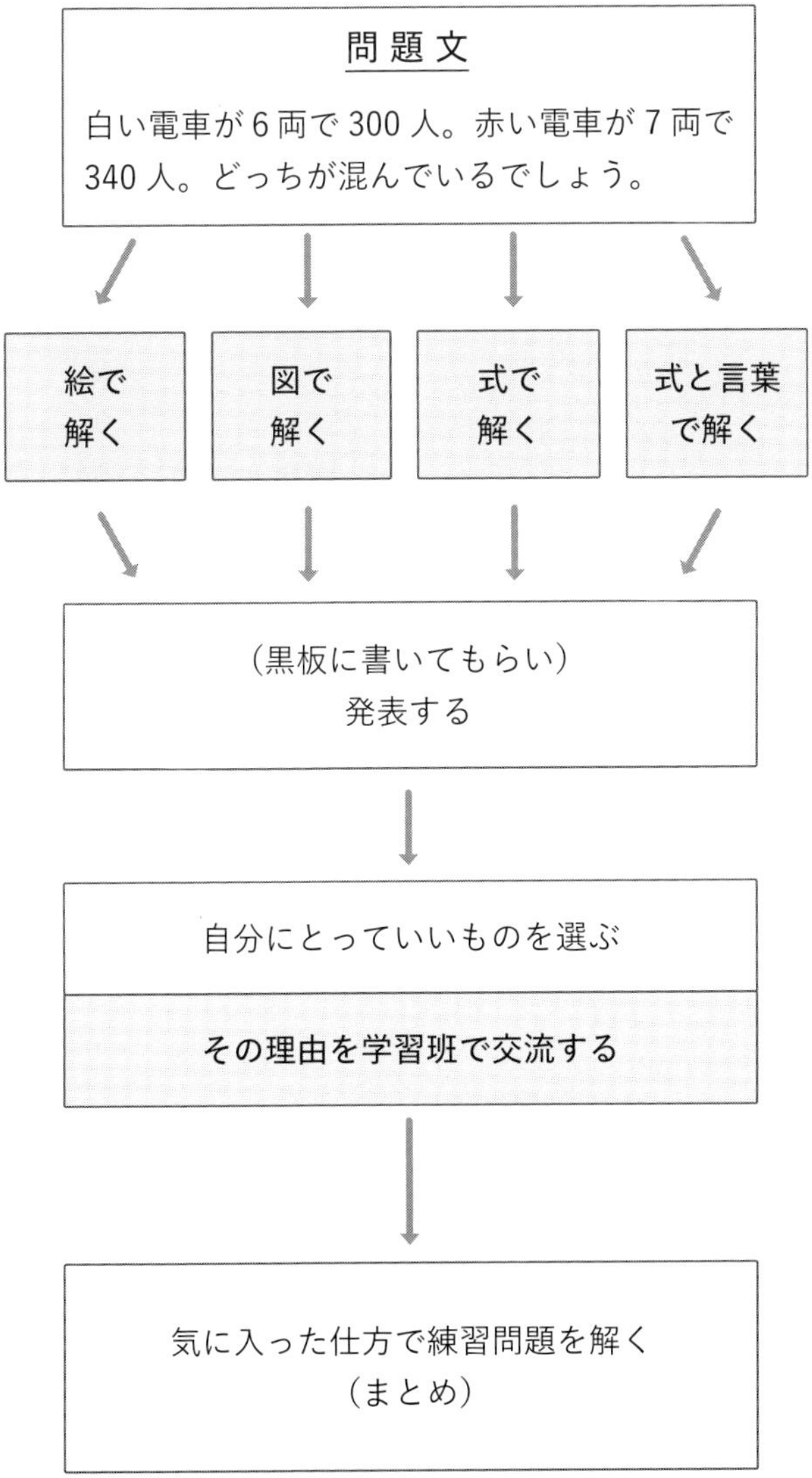
問題文
白い電車が6両で300人。赤い電車が7両で340人。どっちが混んでいるでしょう。
絵で解く
図で解く
式で解く
式と言葉で解く
（黒板に書いてもらい）発表する
自分にとっていいものを選ぶ
その理由を学習班で交流する
気に入った仕方で練習問題を解く（まとめ）

4 班でミニ交流会

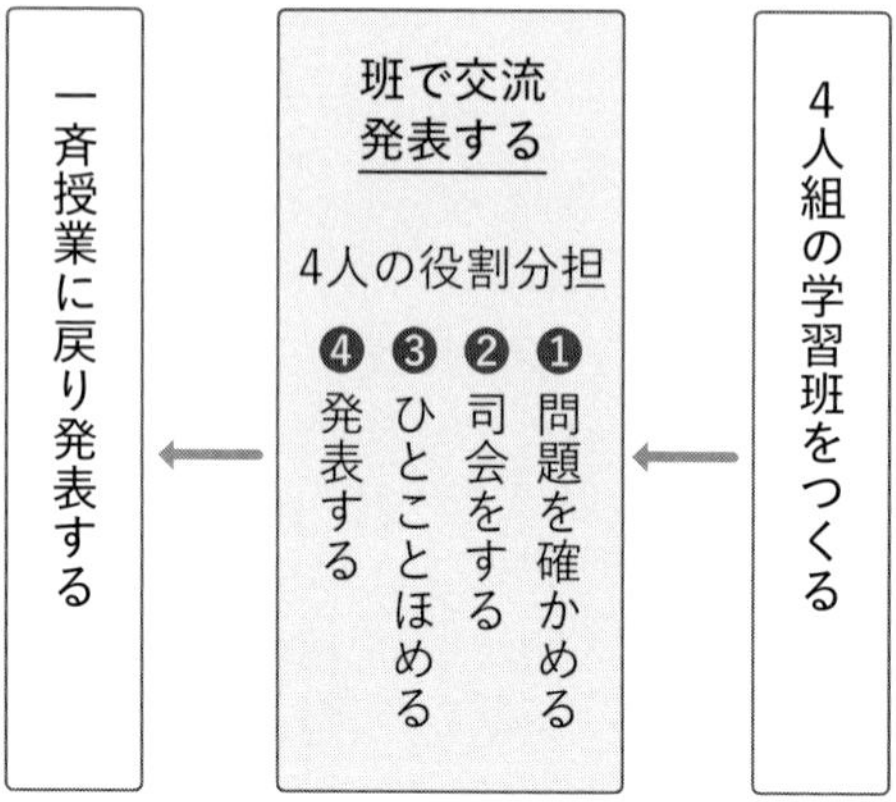

問題を絵や図、式や文で解いたとします。いろいろな解き方が出てきます。あまり多いと混乱しますが、「どの解き方が、あなたにはわかりやすいですか」と投げかけます。子どもたちは自分で判断していいんだ、答えは、自分の中にあると考えます。考えはノートに書いてもらいます。書くと緊張しても見ればよく、人の考えに左右されにくいからです。

そして、「書いたことを班で順に発表しよう」と呼びかけ、学習班で交流する時間を設けます。こうやって口を開きミニ発表の時間を取ることで、友だちとコラボし、いろいろな考え方に出会います。緊張を緩める意味でも、せめて授業のどこかで参加できるよう仕組みます。この方法は、集中力を維持でき学級の人間関係を耕し、豊かにしてくれます。

5 差異の中にある共通性

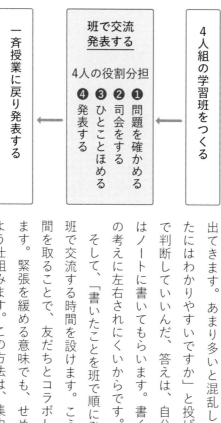

解き方というのは、時間とともに理解が深まり変化するもので、最初から、

「こう解くのだよ」

と、一方的に押し付ける指導は、「受け入れる子」と「理解できない子」に分けることになります。

そういう意味では、

「この子は今、絵で解いているけど、問題を繰り返し解くことで進化してもらおう」

と思うことです。第1段階は、子どもが自分の考えを表現し、教師が多様な考えを認め、安心な学習の世界をつくるとすれば、第2段階は、他者との関係において再考を求める場面に移ります。例えば、各自が発言し共通する考え方を探ろうと再考を求める段階です。多様な考え方をつないで振り返る、個と個をつなぎ関係を見つける考え方です。

「何が共通しているのかな」

と、差異の中にある共通性を問う視点を、子どもに与えましょう。

解き方は異なっても共通した考え方がある。外見だけでなく内面に目をやることを授業の中で子どもたちに示すことは、知識を学びながら、人間の見方を指導することでもあり、学級づくりに広がっていくでしょう。このようなちからを育む学習プロセスの一つとして、学習班での交流会は有効です。正解主義の重荷を降ろし、多様な考え方を認め、授業の中で人間関係を変えるという考え方を加速させてほしいと思います。

Part 2

4

調べ学習と再現ドラマで楽しい社会

地図帳をつかい、
資料集をつかい、
とにかく「覚えよう」。
これではどこの地域のことかもわからない。

CHANGE!

調べたことをまとめて、やってみて追体験。
学びと生活をつなごう。

1 教室で再現する

社会は調べ学習からいろいろな班活動に発展させることができる教科です。活動的な取り組みがしやすく、その活動のために調べ学習が楽しくできます。「今度の単元ではどんな活動を組めるかな」と教材研究をする時、私はワクワクしてきます。子どもたちの発想を生かしながら、教師の構想を広げて、子どもと一緒に授業をつくります。

私の暮らす埼玉県には海がありません。5年生の水産業を学習する時に、海や漁をどうやって教えるか、考えながら計画を立てます。教室に釣り竿を持ち込んだり、漁船の写真や漁のビデオを見せたりと工夫をします。授業で魚市場の写真を見せて「セリ」の説明をしていた時のことです。

「セリって何?」

「オークションでしょ、たぶん」

「オークションって何? もっとわかんないよ」

その時、「セリ」を疑似体験してみようと誘いました。子どもたちは学ぶということを座って話を聞くことだと思い込んでいます。学習班長と相談をして、「水産業のセリ大会」の案をつくりました。学習班長とは、授業で使う班のリーダーです。さっそく、次の社会の時間に提案しました。

2 子どもからの提案

二つの修正案が出されました。一つは、各班の持つ金額を10万円でいいのか、増やすことはできるのかということでした。

「10万円じゃ少ない気がする」

「いや、多いでしょ」

各班が20万円を持ってセリをすることになりました。私が銀行役になりました。私はセッキーと子どもから呼ばれているので、セッキー銀行とつけました。千円札と一万円札が、束になって机の上にどっさりと乗ると、笑顔いっぱいでした。日々セリに参加する人たちがどのくらいの金額を持っているのか、調べる学習につながりました。もう一つは、セリをする市場の人の役を教師ではなく、子どもたちがやりたいということでした。私は、教師がリードしなければセリにならないと思っていたので、意外な修正案でした。しかし考えてみれば、それこそ、学級づくりで大切にしている自立です。私も一緒に教えながら加わることを了解してもらって、修正案が可決されました。こうやって、授業の流れを教師が一方的に進めるのではなく、子どもの反応や希望をもとに修正し市場の人の仕事を調べることになりました。

魚を売る側と買う側に分かれ、アドバイスしながら、ウキウキ気分で劇のような社会の学習が始まりました。教師の学習の提案に対して、子どもたちが授業の計画づくりに参加し、子どもの興味を教師が取り入れることで、主体的に関わり、学習そのものを考え創り出していく、まさに授業あっての学級づくりです。

3 セリを班で「擬似体験」

初めの1時間を各班の魚づくりの時間にしました。教科書や資料集、魚図鑑などを調べて、様々な種類の魚が描かれました。一人1枚の画用紙から6、7尾くらいの魚介類を切り抜きました。図工の時間よりも生き生きと活動していました。

「まだ、足りないよ」
「カニも作って、美しくだよ」
「これ、どう、見て見て」
「きれい、いいね、高く売れるよ」
「大漁、大漁だ」

班という船の漁を思わせるような言葉が飛び交いながら、漁獲量がどんどん増えていきました。ひと班7〜8人の5班制なので200尾が市場に並びました。セリは、4班から始まりました。

8人が前に並び、その中の魚を手にした一人が千円から値を付けます。

すると、各班の立ち上がっている一番手が、値を付け始めます。

「二千円」「三千円」「五千円」、値がつり上がり、止まったかと思ったら、「一万円!」

と高値が付き、落札されました。

4 班ごとにセリを再現

提案	準備	再現
体験したいことを決める	グループで分担してつくり準備をする	全体でやってみる

次のセリが、メンバーを交代して始まります。班からは二番手の買い主が立ち上がります。

「千円から。千円！」

すべての班が終わると、買われた魚が班ごとに分けられて黒板に貼られていきます。黒板いっぱいに泳いでいます。興奮し真っ赤な顔で、魚のキロ数と売上金を集計しています。

セリの問題点も見えてきて、入札制度、固定価格などの方法にも学習が発展しました。

「お金を多くもっている人が、いい魚を買える、ということ。それでいいのかなと思う」

「買い占められてしまったら、自分のお店がつぶれる。困ると思う」

「魚市場を通さなくても買える方法はないのかな」

「船から直接、売ってもらえればいいのにという考えになった」

「最後にお金が足りなくなって、買えなくなった。買い方の工夫があるはず」

あちこちから、またやりたいという声の中、社会の授業が終わりました。

5 スキルとコンピテンシーを獲得させる！

授業と生活をつなぎ、身体を動かし再現してみます。このひと手間が子どもにとって、とても意味のあるものとなるでしょう。それは、教科書の必要感とは関係なく、押し付けられていると思っている子どもたちに、生活のここに関係しているんだよと示すことになるからです。ああ、そこで役に立つのかとわかれば、やる気は倍増です。

子どもたちのやりたい学習にするために、子どもたちからの要求を見つけ出す、引き出すことも必要です。要求を言葉にして原案をつくり、誰でも提案できるとしたら、一人ひとりの学ぶ要求が生きている学級になるでしょう。要求から出発し、一緒に修正しながら学習活動をつくります。子どもが授業の指導計画に自分たちの興味を出し参加します。頭と身体を使って学ぶ、ここで初めて主体的に学ぶという言葉が意味をもつのではないでしょうか。こうしたら子どもたちが自然と落ち着いてきました。発展のヒントは、子どもの考え、学びの要求を生かした授業です。

Part 2

5 グループ活動が基本、理科

「グループになって相談してみよう」
そう言いながら先生は、
そのまま授業を継続中。

CHANGE!

人とうまく関われない子どもも多い。
グループ活動の仕方を紙に書いて役割を示し、
やってみよう。

1 人と一緒にできない

理科の授業はグループが基本です。理科室に行けば席がグループになっています。実験をしやすいようにテーブルがあり、水道がついています。しかしその分、にぎやかになり騒がしくて困ります。私は、教科の中で理科が一番苦手でした。小学校1年の時、テストで花の名前を問われ、30点でした。子ども心に、

（ああ、ぼくは理科ができない）

と、嘆いたものです。学校の先生になってからも、その思い出にしばられました。

（理科の時間は嫌だな）

そう思いながら授業をしました。ところが、子どもたちに好きな授業は何ですか、とアンケートをとると、理科は人気がありました。理由を聞くと「班で話し合うから」が第1位です。苦手意識のせいか説明が短く、学習班で話し合い考えてもらう場面を必ず取りました。

しかし、最近はグループ活動に参加できない子が目立つようになりました。人とコミュニケーションが取れない、協働できない子です。理科室のイスに座ったら、イスをガタガタと動かす。広い教室の後ろで遊ぶ。実験だけ参加して、またフラフラと動き回る。いかにも自分勝手と映る子です。

2 役割と責任

問題解決学習の授業パターンを最も使えるのが理科です。実験では、グループ活動になりますが、グループ活動というのは分担が必要です。話し合って分担するのが理想ですが、役割を機械的に示しておき、話し合い選んでもらいます。これくらいの話し合いなら、任せることができ、子どもにも責任が生まれ主体的になるはずです。

司会係	班で話し合う時に司会とまとめをする
片付け係	実験器具をきれいに洗い、もとの位置に戻す
準備係	実験の道具を取りに来る
つくえ係	実験したテーブルや流しを台ふきでふく

このような分担は、多くの子に主体的に参加を促すことになりました。しかし、協力しない子も一方で明確になり、トラブルを増やしました。

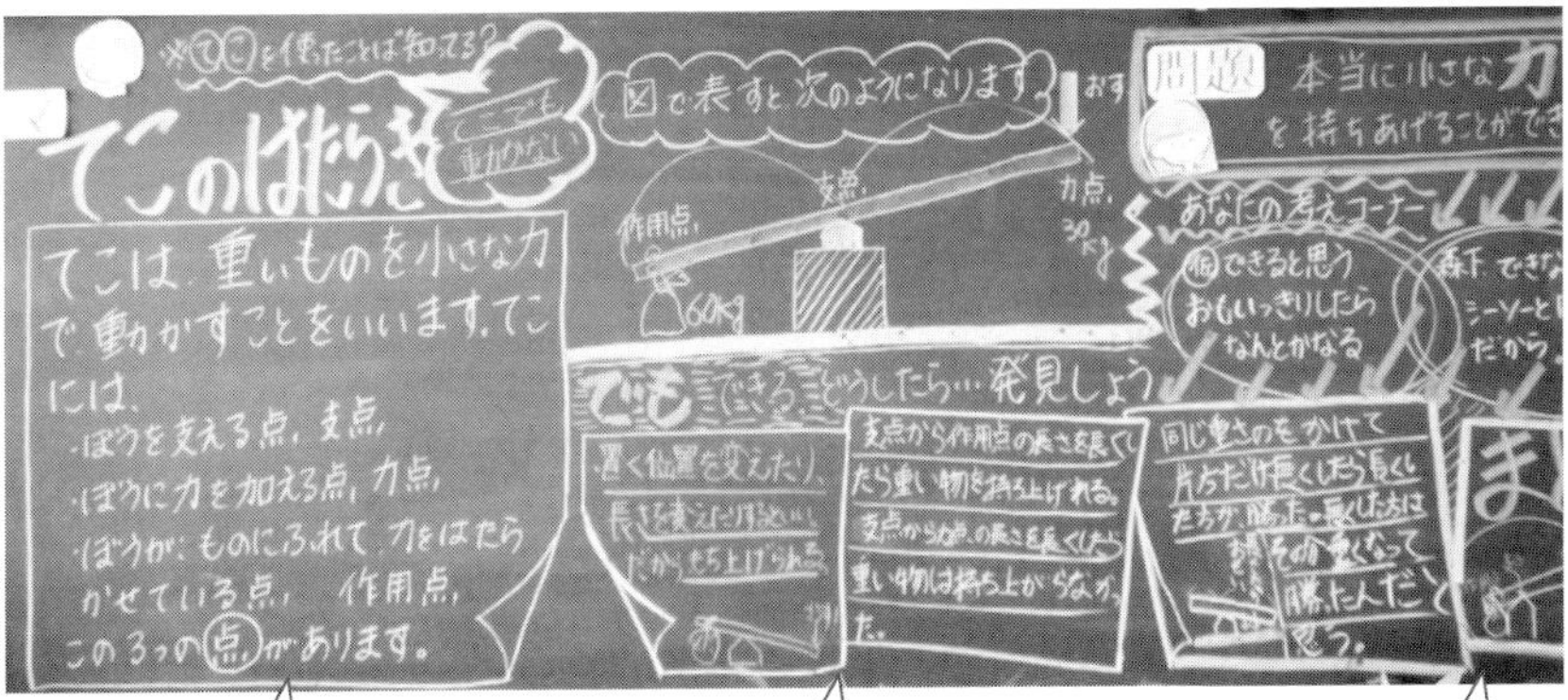

はじめの部分

子どもの考えコーナー

まとめ

3 好奇心をわかせる授業の流れ

例えば、てこの学習です。多動な子を意識して、ごく普通に、てこを扱っている番組を子どもたちに見せます。きっと驚き「知っている」とつぶやき、好奇心でいっぱいになるでしょう。子どもは映像に弱いからです。

そこで「どうして」と問いが自然と生まれることになります。ここで考えを個人でノートに書いてもらい、そのあと班内で発表です。しかし、気になる子はなかなかノートに書きません。

私はそんな子のそばに行き、一緒に書こうねと声をかけ、二人で対話しながら考えを聞き取ります。場合によったら私が書きます。ここまですると、子どもも班の中で発表できる気になってきます。できるか不安だから、参加しなかったと見るべきです。

理科は実験があり、子どもたちの興味を引き付けやすい授業で、他の教科に比べやりやすいです。ただ、グループ

授業の流れ

❶ 課題を声を出し写すことで、意識する
→ ❷ 考え（予想）をノートに書き、班内で交流する
→ ❸ 実験、実験を振り返る
→ ❹ わかったことをまとめ発表する

活動というのは、人間関係があって成り立ちます。気の合う人、知っている人が班の中にいてやっと安心して参加できます。気になる子のそばに、その子の好きな人を置くことです。

一方その子に気に入られている子には、声をかけるという仕事を依頼します。働きかけを頼むわけです。このような準備があることで、授業としての学びと人に働きかける生活指導とが両立します。

実験も優秀な子が代表で行うのではなく、班の子が順番に各自実験してもらいます。「見てわかった」よりも、自分で「やってわかった」の方が納得できるからです。何より誰でもやってみたいと思っています。好奇心に訴えることです。実験をしない時は、狭い教室の方が落ち着くので、理科室へは行きません。

4 コラボからイノベーションをつくる

理科の授業は、観察や実験が多く、教え込まれるのではなく主体的に関わることができ、結果と自分の考えの間に問いが生まれます。この問いを課題として発展させ、集団で謎を解くところにもう一

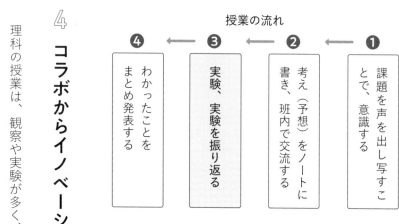

つの魅力がありました。

そのために観察や実験を二人組や数人でグループ化しました。積極的な子と消極的な子がいるからでした。子ども同士がコラボレーションし、働きかけをつくることで、人間関係という味が付き、授業は自分に関係なく進むと思っている子どもを刺激し、眠っていた意欲を呼び起こすことがねらいでした。人と関わることが自然な流れでつくり出される理科は、人との関わり、関係性を深化させることのできる授業です。

さらに理科では突拍子もない予想や思いつきも重視し、班や全体で交流します。少しぐらい的外れの方が歓迎され、多様な切り口、見方を「そんなことをよく思いつくな」という空気が、包んでくれるとよい学級です。少し変わった子に居場所が生まれやすい授業です。

しかも、考えをまとめません。あくまで予想ですし、考えを出し合えば、意見が異なる、と思う子に育てたいからです。異なることがあたり前と思える学級は、自由で個が尊重され、活動に参加できない子にとっても、生きやすい集団です。

Part 2

6

道徳は議論、異論、みんないい

どっちがいいか、
何が正しか、
善悪で議論すると
答えはいつも決まっている。

CHANGE!

価値をぶつけてみよう。
そのためには何を言っても
「いい考えだね」と考えを受け入れるかまえと
コメントを。

1 弱い子を守る視点

　トラブルが起きた時、「なぜ、そうしてしまったのか」、理由を考えることが大切です。当事者たちの考えを聞き、問題を解き明かしていきます。そうしなければならなかった理由があるはずです。それは、弱い立場の子を守る視点に立って、トラブルを解決するということにつながります。道徳の教材を読む視点も同じです。ある状況の中で、最も困っているのは誰なのかを、子どもたちと考えていくように学習を組みます。困っている子を大切にする学級は、どの子にとっても過ごしやすい集団になるはずです。まさにインクルーシブの視点です。この視点を育てるのが道徳です。

　私は、どのような教材も弱い子どもの側から読み、たとえ悪いことをしたとしても、どうしてそうしたのか、理由からその子が抱える背景に目が向くように授業を構想します。教科書に載っている道徳の教材は、教室の日常から見ると事件でありトラブルです。大きく考えると民主主義は、自由・平等・平和をめざしていますが、それは自由だから好きなことができるのではなく、お互いの自由と人権を守るということです。

視　点

❶トラブルが起きた時、当事者たちの考えをよく聞く。小さな訴えを見逃さない。
❷なぜ、そうしてしまったのか、理由を学級全体で考える。
❸対立している価値と価値を探す。一般的な価値の裏に隠れた価値を見つけだす。
❹見つけだしたもう一つの価値を学級で認識する。

2 補助教材で問題を共有する

ある時、不登校の子を10名近くの子どもたちが正門で出迎えをしていました。出迎えをしてからは生きいきと笑顔で、昼から登校するようになっていました。しかし、朝から登校できるようになるには、まだまだ時間がかかるだろうと考えられました。けれどもある日、一人の子から、疑問が出されました。

「出迎えがお昼休み終了、掃除の時間になってしまう時がある。掃除に遅れたり、掃除ができなかったりすることもある。迎えることと、掃除をやるのとどちらを優先させたらいいのか」

学校生活では、価値と価値がぶつかることがあります。だから話し合うことで、道徳性が育ちます。道徳教育では、私たちの身近にある事柄を、教材にして学び、世界は多様な考えであふれていることを知る必要があります。そこで、1年間に3〜4回、タイムリーな補助教材をつくります。トラブル、友だち探し、不登校、暴力、まとめの会、学習発表会などです。学習発表会の取り組みのさなか、劇や呼びかけの中で、自己表現が苦手な友だちをどう考えるか、その考えを出し合って、仲間への信頼を確かめたいと思いました。

3 教材で現実に介入する

この実際の話し合いの場面を私が教材としてつくり、「信頼」というテーマで道徳の授業を考えました。学習発表会を控えたクラスの実情と似せてあるところがポイントです。


4年3組では、3月の学習発表会の時に呼びかけをすることになりました。その呼びかけの中で、BGMとして曲を流すかどうかで話し合いになりました。

「BGMを入れて、雰囲気づくりをしたい」

と呼びかけ担当のリーダーが提案しました。すると、

「BGMを入れると、声が小さい人の声が聞こえなくなるから、入れない方がいいと思います」

反対意見が出てきました。さらに、声が小さい人たちのことを考えて、もう一つの別の意見が出されました。

「BGMを小さくかけたらどうですか」

これをきっかけに、話し合いは、BGMをやめるか、BGMを小さくかけるかで、たくさんの考えが出てきました。さて、みなさんはどう考えますか。（略）

問い1　声を出せない人のことをどう考えるのか

「前なら、声が小さい人は、頑張って声を出そう。頑張れって思っていた。でも、頑張っても声が出ない人だっている」

「声を出せる人は出せばいいし、自分なりに頑張ればいいと思う」

「もう、みんな頑張っている」

「意見がいろいろ出ていて、本音を言い合えるところがいい」

など、自分の考えや教材を読んだ感想が出てきました。そこで次の問いです。

4 価値をめぐる討論

問い2　呼びかけやBGMをどう考えるか

「BGMと競争することないって、なんかおもしろかった」

「呼びかけって、声を大きくしなくてもいいかなって思った」

「詩みたいに言えばいい気がする。聞こえればいい」

「BGMなくても、別に変じゃないと思う」


それぞれに、自分の考えを出し合いました。4、5月ならば「声が小さい人は、頑張って声を出そう」という価値、または「声が小さい人はゆっくり大きく出せるように努力したほうがいい」という「声を大きく」の価値一本で討論するのかもしれません。私も声を大きくしようの価値一本で討論になるのではと思っていましたが、子どもたちに話すと、それは違う、みんな自分なりに頑張っている、先生の予想は外れてる、と言われました。「声を大きく出しましょう」「もっと、出せます」「やればできる。声が大きくなった。すばらしい」こうした考えは、学校がもっている指導観であり価値観です。それに対して、私の学級では、日常的な話し合いの場や、道徳で「もう一つの価値探し」に力を入れています。もう一つの価値とは、具体的な活動を通して自分が感じていることや悩んでいることを出し合い共有することです。本番は小さく、小さくBGMをかけました。呼びかけ担当がCDプレイヤーのボリュームを調整しながら、リードしていました。涙を流すお母さん方の姿が見られました。

5 道徳的価値を批判的に多面的に

どんな教材であっても、時代に乗る価値と多様性があることを考えておかなければならないと思います。普遍性はあるように思えても、多くの発明発見がそうであったように、時代がつくった現代にしか通用しない価値と批判的にとらえてみることも大切です。普遍的だと思える価値が、特定の一方的な価値しか反映していない可能性もあるということです。だからこそ、弱い立場の視点から批判的に多面的に見られるように指導することが重要です。子どもたちとともに、行動、行為を通して生みだされた価値を検討し、修正し、私たちの道徳とする必要があります。それは、学校と学級のルール、きまりづくりも同様です。道徳もきまりも押し付けられるものではなく、子どもたちと活動や経験を通して話し合い、学び、つくるものなのです。

Part 2

7

実技と話し合いのバランス、体育

体育は、
言われた通りにやる
トレーニング型になりがち。

CHANGE!

チームはどうなるの？　誰と組むの？
関心を授業に組み込んで、
考えさせよう、話し合いをしよう。

1 チームづくりは、生活班づくり

体育は互いの力を伸ばし、連帯感を高めるために、いつもグループをつくります。特にボール運動では必ずチームをつくります。これは教室で行う班づくりと同じです。体育では班とは呼ばず、チームと呼びますが、班として同じように弱い子を支える視点を教え、リーダーの役割を指導します。チームをつくる時には、まず、リーダー立候補（リーダー募集）でリーダーを決めます。いつでもどこでも話し合う、合意づくりこそ、学級づくりの基本です。学級の班を編成する、「班長立候補制」につながり、リーダーだけでなく選ぶ方法を指導することもできます。ポートボールのチームづくりを例に考えてみます。子どもたちは遊びのチームづくりを「取り」と呼びます。ジャンケンをして、勝った者がメンバーを選ぶという古くからある方法です。「取り」の方法には、民主的、合理的な考えを土台にしながらも差別的になる可能性が含まれています。それは「取り」のリーダーは、その種目の得意な子やボス的ないわゆる「強い子」がなるのが普通です。いつも選ぶ側が同じで固定しているのです。また、選びながら最後に残される者への配慮はありません。上手でない者は最後でいいということでしょうか。「取り」で取られる側は、拒否もできません。

「取り」の世界は、子ども関係の実態や教室では見せない子どもの別な顔を見せてくれる場であり、これはクラスの現状であり出発点です。チームのつくり方が、どう変わっていくのか、集団のちからが試されます。

2 チームづくりで話し合いに熱が入る

こうした考えは、いつの時代も、子どもの世界の出来事、些細な遊びの約束事と見過ごしてきたように思います。子ども時代にくぐり抜ける通過点、遊びの要素であることは認めます。しかし、これは大人社会、現在の社会を構成している思想であり、実は、この現象は、大人社会の写しであり反映です。チームづくりでは、班づくりのように子どもたちの民主的な自治の力を育てます。

立候補し、選ばれたリーダーがチーム編成をします。教師も一緒に編成します。そして、学級に提案します。リーダー会は、質問を受けて、あるいは修正意見を取り入れて、全体で合意、決定をします。子どもたちは切実なので意見がいっぱいです。

リーダーを選ぶ権利	チームリーダー（編成を提案する人）を選ぶ権利は、編成される側の子どもたちにある。
平等性に対する責任	リーダーは集団全体に責任を負うので、編成には公平で民主性・平等性が必要。みんなが納得したか点検しよう。
チームリーダー編成権	集団全体の選挙で選ばれたリーダーは、集団の代表として、チームを編成し、提案する権利がある。やりがいになる。
選ばれる者の拒否権	編成に不利益がある場合は、異議を唱えて質問や修正意見を出すことができる。フォロアーシップという。

3 切実な「勝ち負け」を使う

時間をかけて、全員が納得し合意できるまで話し合います。話し合い、それが学級づくりです。どうしても、納得できないことが残っている時は、「やってみて、だめな時は、また考えよう」という決定をします。一度決まったことでも困ったことが起こったら、決まったことを変更できるということです。ルールは更新されていきます。チームで練習が始まると、トラブルが起きます。

「ぼくのところにパスが来ない。このチーム嫌だ」

「リードしているのに、練習をちゃんとやってくれない」

そうした訴えを受け取り、休み時間や体育の練習時間にチームで相談し、どうしてパスが回らないのか、困る理由を明らかにして再出発します。ふだんの学級会より真剣です。それでも、1回目のリーグ戦が終了する頃には、いろんなチームから異議が出されます。

「このチームじゃ勝てない。チーム替えしたい」

「負けてばっかりだよね。嫌なチームじゃないし、楽しいけど勝てない」

「Cチーム強すぎだよね。全勝じゃない」

ある時、2回目のバスケットボールチームづくりをしてリーグ戦をしましたが、授業のまとめの時に意見が出されました。

「うちのチーム、私のところに、パスが回って来ません。私がパス取れないから回せないのはわかっ

日替わり	チームは日替わり、その日だけ
キャプテンから選ぶ	みんなでキャプテンを選び、各自がチームを選ぶ
立候補制	なりたい人が立候補してチームをつくる
キャプテンを互選	チームでキャプテンを互選する

ているのだけれど、シュートもできないし……」

「ごめん」

「そうじゃなくてあのね。レクの時のドッジボールみたいに、J1・J2・J3をつくったらいいかなって思ったの」

J1・J2・J3というのは、プロサッカーの「Jリーグ」のことです。

「J1リーグ、J2リーグ、J3リーグをつくるってことか。いいね」

「そしたら、うち、J3に入りたい」

「ぼくは、J2がいい、J1じゃ強すぎる」

どのリーグに入りたいかを一人ひとりに聞いて相談して決めていきました。体育なのに子どもの意見が反映され、みんなが支持すると変更する。これは授業と学級づくりの共同化です。

チームづくりには上記のようにいろいろな方法があります。

4 マットや跳び箱でもつくれる関わり

マットや跳び箱などの運動にもグループ練習、発表会を取り入れます。勝ち負けにこだわる運動で

話し合い

❶ 教師提案が始まり → ❷ 子どもが自由に意見を言う → ❸ どれを重視するか子どもが選ぶ。そしてそこに現実が出る → ❹ 子どもの中から提案が出る。それを話し合い修正する

はないので、生活班で行うこともあります。練習方法や発表の形式は、教師の提案をたたき台にしながら、子どもたちの発想を取り入れて決めます。例えば、マットの置き方を大きな正方形にする案は子どもたちからの発想です。

「テレビで見た体操のように大きなマットで発表したい」

「マット2、3枚じゃなくて、5、6枚使いたい」

「それなら、体育館の真ん中に大きく、大きくつくろうよ。マット12枚くらい」

いや、ぼくだって子どもの声を取り入れている、そう思っていませんか。子どものつぶやきを拾うのはいい教師ですが、それで止まってはいけません。実は子どもの声を拾い大きな声にするのも子どもなのです。体育では、勝つことやできることに目が向きがちですが、本気で話し合いたくなる場面が満載です。それをみすみす逃すことはありません。話し合いを中心にする学級づくり、体育を大事にしましょう。

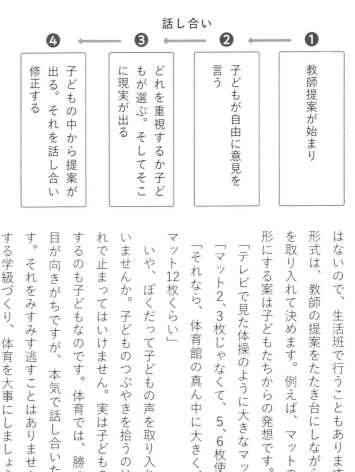

Part 2

8

つくって壊す、スカッと図工

ていねいに仕上げよう！
ちゃんと完成させよう！

CHANGE!

つくるのは楽しいけど、壊すのも楽しい。
教室を造形基地に改造して壊して、
またつくろう。
怪獣になって、ああ、すっきり。

1 新聞紙をちぎって造形遊び

小学校3年生の図工単元に「新聞紙をちぎって」があります。造形遊びです。用意するものは新聞紙とセロハンテープとガムテープです。グループ、班活動です。新聞紙をちぎって、細長くします。何をつくろうかと考えている班はありませんでした。教室や廊下にどんどん細長くちぎられた新聞紙が貼られていきました。

「こっちにも貼って」

「セロテープ、ここに置くよ」

「あ、こっち通って、切れる」

「すげー、ビーム」

「うあー」

「遊んでないでよ。取れちゃうでしょ」

「ここ持ってて、そこつなげて」

あっという間に、新聞紙が蜘蛛の巣のように、教室中に貼り巡らされました。あっちでは、「ぼくたちの秘密基地」だと言われ、こっちでは、「入り口のレーザービーム」だと言われます。

2 アクティブラーニングを写真に

こんな楽しい活動の様子を独り占めするわけにはいきません。

「校長先生、来てください。アクティブラーニングです。教室いっぱいに新聞で図工の作品をつくりました」

新しい学校の4月です。まだ、校長先生の人柄もよくわかりませんでしたが、校長室のドアをノックしました。

「図工ですか。いいですね。ちょっと待ってください。写真、写真」

校長先生はにこにこ笑顔で、カメラを持って、教室まで急ぎ足で来てくれました。

「校長先生だ。こっちも撮って」

「校長先生、ここはビームあるから、避けてください。こっち潜って、こっち」

教室の入口が塞がっていても、手をついて潜って、這って入ってくれました。

「こういう授業って楽しいですね。いつまでも思い出に残りますね」

と、ほめてくれました。

出来上がると、それぞれの班で写真撮影です。デジタルカメラでピース写真が撮られました。図工は楽しい授業です。

3 段ボール造形遊び

赤い屋根の家づくり

6年生の2学期には、段ボールを使って、班で家づくりをしました。

「空はこの頃落ち着いてきたよね」

「5年の時は、教室で暴れて、授業ができないこともあったけど」

「ボールを教室の壁にぶつけたり、みんなの机を倒したり、定規で頭叩いたり、いろいろあったよね」

「そんなことあったんだ。知らなかった」

「いつも、空が教室の後ろで寝てるでしょ。この前、空に寝る部屋つくろうって聞いたら、うんって言ってた」

休み時間のそんな会話から、段ボールの図工は、空の部屋づくりのような「赤い屋根の家」の提案でつくられました。班長会の提案は、みんなで一つの部屋をつくろうということでしたが、一つをクラス全員34人でつくるのでは、人数が多すぎるということで、修正されました。

もちろん、空も自分の班で、部屋づくりを始めました。夢中になってつくりました。教室にも、廊下にもダンボールが溢れ、少しずつ、形になっていきました。空のための部屋づくりというより、各班のマイルームになっていました。本棚があり、下駄箱があり、窓がありました。屋根ができ、煙突もできました。休み時間になると、お互いの部屋に遊びに行き、寝転がり、6年生とは思えないごっこ遊びになりました。

みんなで物づくりに夢中になった、秋の1か月でした。空が中心となって活動した部屋づくりでした。そして、実は、思いがけなく、クラスみんなが盛り上がった楽しいイベントでした。

壊す楽しさを再発見

段ボール造形遊びで造ったら、壊すことを考えましょう。壊す楽しさを再発見です。私たちは壊すこと、壊れることをマイナスのイメージでとらえがちですが、壊すことは創作でもあります。ものは、作られれば、使います。使うということは、ゆっくり壊していくことです。私たちは日常的に、たくさんのものを壊し続けているのです。

大きな声で叫びながら、ぐじゃぐじゃに、バリバリと活動的に壊すこともあり、静かに、淑やかに剥がし続けることもありです。5年生を担任した時に、学習発表会で『ぼくらの七日間戦争』を劇にしました。その時、たくさんの時間を費やして、3m四方の戦車を完成させました。劇が終わると、その場でみんなで壊し始めました。その凄まじい楽しさを考えていませんでした。壊し方を話し合うことは、大事なことです。

4 児童会行事「子どもまつり」も図工の教材に

児童会最大のイベント「子どもまつり」に取り組みました。子どもたちがやりたい遊びを考えて、教室の中にイベント会場をつくります。例えば、魚釣りのコーナー、輪投げのコーナー、キノコ狩りのトンネル、迷路、クイズコーナーなどの出し物です。

教室や廊下が段ボールと画用紙でにぎやかな数日でした。子どもまつり当日も、教室は華やかに飾られ別世界のようでした。

ふだんの授業では見せることのない生きいきとした表情も見られます。「遊び」は小学校低学年の子どもたちだけではなく、中、高学年の子どもたちも大好きです。

生きいきと活動する子どもたちを見ながら、私たち大人は、子どもたちに「子どもとして生きられる場所」をもっと保障してあげなければならないのではないかと思いました。段ボールが散らかり、ガムテープが張り巡らされ、新聞紙が舞うけれども、そうした「遊び」や「むだ」、「失敗」や「やり直し」が公認されて初めて成長が確保されるように思います。

大人がつくった学習デザインを子どもたちとともに更新しながら、本当の学習に近づいていきます。子どもは学習のパートナーです。この活動を通して、子どもたち同士の関係が深まったと確信しました。私たちの「信頼が大事、友だちが大切」型通りの言葉より、仲間でつくり上げた「活動」が信頼の実質を教えてくれました。「来年は何をやろうかな」と子どもたちは、一年先を楽しみにしています。

Part 2

9

総合は教科の発展、身体を通して他者理解

「調べ学習は楽しい、
ゲストの話は興味がわく」
と子どもたち。
もっと工夫はできないかな。

CHANGE!

ロールプレイ、班活動、関わる場面をつくろう。
きっともめるけれど、
解決のために話し合う、これがねらい。

1 教科とつなぐ総合的な学習の時間

総合的な学習の時間を教科の発展として位置づけ、つなぐことを考えています。例えば、社会科の発展として、3年生では「昔のくらし」、4年生だと「警察・消防の仕事」、5年生になると「情報・ニュース番組作り」や「産業ディベートトーナメント」です。発展とは、劇化することやさらに学習班で調べ発表することです。私は劇や身体を動かすことを重要視しているのですが、教科の授業の中では、実行するには時間が足りません。そこで総合的な学習の時間に目を付けたのでした。総合的な学習の時間は、学習発表会などの行事に向け時間をとっていることもあり、劇を得意にしている私には使いやすく、また子どもたちも劇を楽しみにしています。劇の他に次のように結び付けようと考えています。

☐子どもが学習の段取り、デザインに参加する

子どもたちが劇や調べ活動を行いたいと言い出し、それを受けて、教師と子どもたちの学習リーダーが提案をつくります。提案を討議し、修正し、決定します。この段取りは、教師の権限のようですが「子どもが学習の内容に参加」するということが、ここでの大事なねらいの一つです。

□学習班で自治的に進める

子どもたちが、本、資料、インターネットなどを活用し調べ学習を、グループで行います。『学習集団で自治的に進める』というビジョンがあります。活動の最後には、子どもたちがまとめの提案をつくり総括します。「困っている人を支えることができた」「友だちが、わからないところを教えてくれた」など、子ども同士が支え合う様子が多く見られるようになります。

2 不登校の子どもと総合的な時間

不登校の子が多くなりました。なぜ学校に来られなくなるのか、なぜ学校は立ち尽くしているのか悔しい気持ちになりました。生きづらい学校と感じるのならば、楽しい学校に変えてやろうと思いました。特別活動の朝の話し合い、学級会、班会議を活用して子どもが意見を言い、参加できるようにしました。授業内容への子どもの参加は、主体性、自主性を引き出すために大切なことです。学習リーダー、班長会と様々な原案をつくり、学級に提案し、みんなで修正し、みんなのものにしました。必ずグループ会議、班会議の時間を設けて、意見を聞いて修正案を出せるようにしました。

「修正案ありますか」

「班で修正するところを話し合ってください」

と議長が指示をします。こうして、討議の中で、価値がぶつかりながら新しい価値の発見ができます。劇や疑似体験などの体験型の活動をめざしました。子どもたちが活動すればするほどトラブルが増えます。トラブルから意見の相違、対立が見えてきます。同じ目標に向かう中での意見の相違、対立からは、異質排除ではなく、みんなで解決しなくてはならないという異質共生、共同の認識が生まれました。

3 多動な子どもの特徴を生かそう

授業では「多動な子はだめだ」と言われてしまいます。しかし、劇に取り組むとなると、テンション高く、多彩に動ける「多動な子」が活躍できます。これから紹介する学年には、教室に入れない不適応、学校渋り、不登校、発達の課題をもつ子どもたちが数多くいました。そこで、年度当初、総合的な学習の時間年間計画の中に、まとめの発表形式を劇や体験活動にすることに決めました。発表の形や内容は各学級で実態に応じて決めることとしました。総合学習の学級の原案は、学級会と同じように、子どもたちの参加で教師と一緒につくります。学級の学習リーダーを集めて、「ねらい、活動計画」「まとめ、発表会」などの原案をつくり、これを学級に提案します。

□シナリオづくりのトラブル

もめることはあたり前、トラブルが起きても、それを解決してみんなで成長しようと呼びかけます。

各グループで劇のシナリオづくりが始まると、題名でまずもめます。

「え、そんなのヤダー」

「宇宙人が出てくるなんておかしいよ」

「じゃあ、どうするの。普通の家族なんて嫌だ」

「じゃあ何がいいの」

私も話し合いに加わり、題名は「むかしむかし、宇宙人と出会う」に決まりました。

批判を取り込む柔軟さを教える

次は題名が決まっても、シナリオもできないうちに、役決めでストップです。

「宇宙人やりたい」

「その役は二人だから、じゃんけんしたでしょ」

「じゃんけん嫌だ、負けた、でもぼくやりたい」

「宇宙人やりたかった」

「もう決まったでしょ。だめだよ」

「何でじゃんけんなの」

「だから、決まったことでしょ」

トラブルをどう越えていくのかをしっかりと教えます。新しい道徳観、柔軟な価値観を引き出すチャンスです。私は、

「宇宙人二人じゃなくて、三人でもいいんじゃない」

「やりたいものをやろうよ。シナリオ変えよう」

「3人にしてもいいよ」

こんな考えが出てくるのを待っています。

□シナリオが決まらない

さらに役が決まっても、シナリオがなかなか進みません。

「今日書かないと、遅れるよ、うちら。昨日だいたい書いてくるって言っていたじゃない」

「そんなこと言って、全然、アイデア出してくれないし」

そして、最後は、

「先生、みんな全然やってくれない。遊んでばっかり」

「やっているよ、おれ、お釜をかぶるって言ってたからさ」

こんなグチも実は要求です。思っていることを言葉にし、溜めないことです。シナリオが完成して練習が軌道に乗って、リハーサル、本番を成功させると、大よろこびです。劇というより劇遊びです。遊びの中で役を演じる世界を子どもたちは奪われてきたのではないかという気がします。

4 昔のくらし「むかしむかし、宇宙人と出会う」シナリオ

ナレーター1：ここは1950年の地球です。ある日、UFOが調査にやってきました。宇宙人が

何かを見つけたようです。
宇宙人1：これ、なんだ？（釜を見せる）
宇宙人2：円盤じゃないですか?!　誰か乗ってますか？　地球人って小さいなあ。
宇宙人3：これは、ぼうしだ。地球ではみんな、かぶってる。（なるほど、なるほど）
宇宙人2：これはなんですか？（電話を見せる）
宇宙人1：これは、シャワーかな？　熱いお湯がでる。温度のめもりがある！
宇宙人3：ちがうちがう、これは、地球人のヘッドホーンだ。こうして、歩きながら、音楽を聞くのだ。（なるほど、なるほど）
ナレーター：家の人が、帰ってきたようです。宇宙人が見つかってしまったようです。
おじいちゃん：旅行はつかれるなあ。家に着いたぞ！
おばあちゃん：でも、温泉はいいですね。
子ども1：誰、この人！　へんなかっこうしてる。
子ども2：どろぼう、あれ、何かもってる！
おじいちゃん：その手にもってるものなんだ。
宇宙人1：いや、これは、わたしのぼうしです。
宇宙人2：あやしいものではありません。
子ども1：それ、ぼうしとちがうし！
子ども2：それ、ごはんをたく釜だよ。

宇宙人3：え！　びっくり、びっくり！
おばあちゃん：あやしい、こっちに、かえして。
おじいちゃん：そっちの手にもってるものなんだ。
宇宙人1：いや、これは、わたしのヘッドホーンです。
宇宙人2：あやしいものではありません。
子ども1：それ、ヘッドホーンとちがうし！
子ども2：それ、電話だよ。
宇宙人3：え！　びっくり、びっくりー！　地球の道具、わからない。
おばあちゃん：ますます、あやしい、こっちに、かえして。
子ども1、2：こんな所に、何かある！　何これ！
宇宙人1、2、3：お願い、さわらないで！　こわれると宇宙に帰れなくなる！
(ガシャン！とこわす)
ナレーター：宇宙人が地球人は、こわいと逃げていきました。

劇遊びは、見ている人よりもやっている子どもが大よろこび。ごっこ遊びの世界を体験してるようにも思えます。

Part 2

10

座学中心の授業を変えよう

子どもたちの姿勢がいいね、
学習規律ができている。
それをよろこんで終わらせず、
授業を見直してみる。

CHANGE!

「座学にはへきへき」これが子どもの本音？
それなら前で説明してよと、
子どもを動かそう。
イスに座った授業はもう古い。

1 立ち歩く子は授業の邪魔者ですか？

狭い教室に40名が入っています。授業になるとあのイスの範囲で、1㎡もない空間しか動けなくなります。そんなことは「常識」ですが、それは間違いです。

私たち大人は、子どもの頃からこの「常識」を言われ続け、その「正当性」を諭され、否応なく身につけています。これはしつけでもあるし、指導とも言えます。しかし、見方を変えれば強制であり、支配です。子どもが言うことを聞かないとは、まさに反抗であり、一方的な「指導」をやめてくれと叫んでいるのです。

そこで、教科の目標、教師の指導に合わせて授業をつくりますが、子どもたちの実態にも視点を当てることは大切なことです。授業では関心がもてず身体が動き、集中が切れて立ち歩きたくなる時、「その授業」は、子どもたちの実態に合っていると言えるのかと見直してみる必要があります。

2 子どもや班の発表、子どもの説明場面を増やそう

黒板の前は教師の独壇場ではありません。子どもたちと教師のステージです。黒板の前を子どもたちに開放しましょう。算数の文章題の授業です。もちろん、教師がわかりやすく説明し、興味を引く

ユーモアを交えながら授業することも有効です。

しかし、学習班の発表を取り入れる方法も考えてみてください。学習班は3〜4名です。各学習班に文章題を割り当てます。教え合いながら問題を解く時間をつくります。次は分担です。その場で問題を読む人、黒板に式と答えを書く人、式と答えを説明する人、全体を説明する人と分担し、発表します。教師は説明の補助や質問への補助をします。堂々と立ち歩ける授業をつくりましょう。

□インタビューで資料集め、発表の授業

社会の授業で難しい言葉の説明に飽きている顔が見えますか。早く校庭に出たい、遊びたい気持ちの揺れが伝わりますか。そんな時は、インタビューで資料集めをします。例えば、「みなさんは、情報を何から受け取りますか。インタビューで調べてみよう」というテーマで活動します。終わったら、班で発表会を行い、わかったことの出し合いです。堂々どころか、たくさん立ち歩かないと学習にならない授業です。

インタビューで調べてみよう

情報を何から受け取る？

1 朝のテレビのニュース
2 夕方のテレビのニュース
3 新聞、広告
4 インターネット
5 ラジオ
6 雑誌
7 回覧板
8 掲示板

□ロールプレイを取り入れて

例えば、国語「心を見せる言葉」の単元です。目標は「相手や場面に応じた言葉づかいを考えよう」

です。教科書には、いくつかの場面が描かれています。読むだけではもったいないと思います。早速、提案です。

「ミニの劇をつくろう」

A むかつく会話
B 気持ちのいい会話
・場面は自由、どこでも
・15分練習
・発表の順番

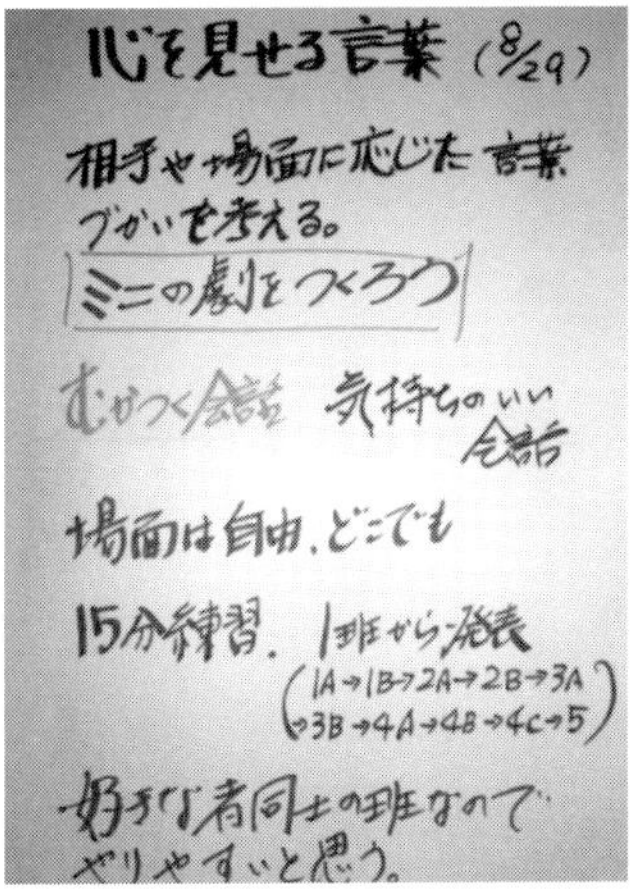
心を見せる言葉 (8/29)
相手や場面に応じた言葉づかいを考える。
ミニの劇をつくろう
むかつく会話
気持ちのいい会話
場面は自由、どこでも
15分練習. 1班から発表
(1A→1B→2A→2B→3A →3B→4A→4B→4C→5)
好きな者同士の班なのでやりやすいと思う。

もちろん練習は立ち歩き、笑い転げ、教室は騒然となりました。

子どもは多動が本来の姿

子どもは大人のミニチュアではありません。大人が静かにイスに座っていられるからって、そうさせてはならないのです。子どもは多動が本来の姿です。多動をどう押さえつけるかではなく、多動をどう生かすかが私たち教師に問われているのです。子どもたちの主張する「立ち歩ける場面をつくってください」の中には、子どもの願い、要求と同時に、教師への授業批判が含まれています。

立ち歩ける場面をつくるというよりも、授業を常に活動の場とすることです。教室中を学習活動の舞台にするために工夫することが大切です。

3 長い話を聞くのはつらいです！

授業で説明をしっかりとすることは大事です。子どもたちがわからないことをわかりやすくていねいに話すことで、理解ができるようになります。でも、それでも理解できなかったり、元々理解しようと思っていなかったり、そのことに興味がなかったとしたらどうでしょう。善意のていねいな話は苦痛で、逃げ出したくなる話となってしまいます。「それはその子どもが悪いんだ。先生の話が長すぎますなんて、とんでもない」とすませることもできます。

「そうだよね。話が長いよね」と、困っているのは子どもたちです。私たち大人にも、長い話を聞くのがつらい経験があると思います。学習障害の子どもたちはもっとつらいはずです。授業を見直すことから始めましょう。

4 班学習の活用

そこで、先生の話よりも、重要な活動場面として、子どもたちが話せる場面を多くつくります。

「隣の人と話し合ってみましょう」

ではなく、常に話し合いが成り立つ「学習班」を活用します。学習班の話し合いは、毎時間、すべての教科で行うことを基本にしています。教室のいつもの班を生活班と呼びます。この班の人数が3、4人ならば、これをそのまま学習班に使います。生活班が5人以上ならば二つ、または三つに分割します。

私は1班を二つに分けた場合に、「1A」と「1B」とネーミングしています。高学年では、ひと班を10名にすることもあります。その場合も「1A」「1B」「1C」と呼んでいます。例えば「これが話し合いの課題です。では学習班で話し合いましょう。時間は7分です」

と指示します。

授業の中で子どもたちが他者との関わり方を学び、上手になればどんなにお互いが幸せになれるでしょう。授業をしながら、人が幸せになる方法を意識する、それが授業の中での生活指導です。

part 3

学級がまとまる授業、壊れる授業

「みんな一緒」を捨てる発想
仲のよいクラスは学力も伸びる

きちんとした、一律にできることを求めすぎる学校は、子どもにとって息苦しく不自由です。おかげで落ち着かない子や、欠席する子どもが目立ちます。そこで、私は発想を変えました。班活動を授業にたくさん取り入れ、子どもの声からやりたいことを実現していく授業に変えようとしました。

ココ変え❶⇩楽しい授業は班活動を取り入れて

春、異動した私たちを全校1000人を超える子どもたちが迎えてくれました。高学年の子どもたちは整然とし反応が薄く、静かすぎる光景でした。3年生は5クラスあり、私は学年主任になりました。ひとクラス38名、明るく素直でにぎやかな子どもたちのように見えました。星矢の引き継ぎメモには、「10月から不登校ぎみ、40日の欠席、学習嫌い、集中力続かない、九九を覚えていない、頑張り過ぎたのか」とありました。沙羅は1年生の初めから、「学校を休みがち」だそうです。記録には「登校班での保護者トラブルが原因」と記されていて、2年生では80日も休んでいました。優太には特別な記述はなく、「やや気持ちが弱い、学習成績2番」とだけ申し送られていました。学校を嫌いらしい子どもが3名もいます。管理の行き届いた学校にありがちな息苦しい学校を、少しでも楽しい学校に変えたいとすぐに思いました。

クラス担任決めは予想外の展開で、不登校傾向の3名が集められ、私と一緒に2組の教室で暮らすことになりました。これに対応して、ゆっくり確実に集団づくりを進めるために、私は4つの方針を立てました。

①彼らの「やりたいこと探し」を係やクラブ、班を通して進める。そこから、学級に居場所をつくる。班は授業でもたくさん使う。

②嫌なことは何か考え、過度の緊張、負担になる学習などに対応し、多動でも過ごせる学習に学級環境を変える。そのため授業で劇を取り入れる。

③仲間につながる学級の取り組みを文化（行事・学習教材）としてつくり出し、それを授業の中に入れる。学期の最後に発表会をしたい。

④保護者と話す回数や内容を広げ、相談員、カウンセラー、支援センター、児童相談所、医療機関と連携をする。

私はハイテンションで15日間、電話と毎日の学級通信（特に1学期は力を入れ69号まで出しました）で保護者とつながり、子どもとレクリエーションやおしゃべりで遊び、授業の工夫に力を入れました。今までにない忙しさの中で時間が流れましたが、子どもたちに精いっぱい、学校の楽しさを感じさせたいと考えました。

取り組みいろいろ

劇

班で調べる

新聞を書く

休み時間に遊ぶ

レクリエーション、ゲーム大会

歌って踊る

ココ変え❷ ⇩ 子どもの声、気になる子を真ん中に

4月の1回目の班は、私がつくった名簿順でした。途中、うるさい、静かすぎ、黒板が見づらい、ケンカをしたなどで調整し直して、あるいは自分からの移動は何回かありましたが、班は4月の終わりまで続きました。もっと楽しく、もっとおしゃべりができるように考えて、2回目の班は、好きな者同士でつくることに移行しました。しかし、班づくりでは配慮も必要です。優太の落ち着ける場所を探しました。気心が知れた友だちがほしい、という優太の希望で、岳のいる2班に入りました。二人は1年生で一緒のクラスでした。まわりの子どもたちからうるさいと言われる岳で、命令口調の指示も出しました。見かけからして体格よく、声も大きく、運動が得意で、いろいろできる強さが彼をより威張っている子、偉そうにしている子に見せてしまいます。しかも、リーダー的な面をもつ岳は、「リーダー」を間違ってとらえているようでした。

「静かにしろ！　黙れ！　じゃなくて、話をするから、聞いて、って言うんだよ。無理に、言うことを聞かせるのではなくて、言うことを聞いてもらえるように話せるといいよね。そうしたら、班長としていいリードができるよ」

私は、何度も声をかけました。

岳のようになりたいと優太は思っているようで、岳はそれを知って、時々苦しそうな表情をする優

太を支えてくれました。岳は笑いを振りまき、いつも優太と一緒にいるようになりました。どの授業でも岳の2班を指名すると、班長の岳がタイミングよく優太を指名します。優太が自信をもって発表するようになっていきました。

5月の連休が明ける頃には、優太は朝から来られるようになっていました。笑顔になり、生きいきと授業に参加し、どんどん発言するようになったのです。優太に居場所ができた学級は、他の子どもたちにとっても、過ごしやすい学級になっているはずだと私は思いました。そんな時、お母さんから電話がかかりました。

「セッキーがいるから、大丈夫って言っています。岳さんもいて、安心できています。ありがとうございます」

「よかったですね、ほんとに、岳さんがい

班づくり

❶ 教師が班をつくる ← ❷ 好きなもの同士の班をつくる ← ❸ リーダーを決めて班をつくる

班づくりで大事にしていることは「子どもたちの声を聞く」ことです。初めての班は便宜上、教師がつくり、名前や人柄を把握します。次は「どうつくりたいか」希望を聞きます。この希望が子どもによって違うのでつくり方が議論になります。この繰り返しです。ここに話し合いが生まれます。

つも元気づけてくれるからね。順調、順調、まだ、これからも戸惑いや緊張はあるとは思います。でも、もう大丈夫だと思います」

こんなやりとりができました。学校への過剰な適応はすぐに消えてはいかないでしょう。1、2年生時、学校での指導の中でどんな思いを潜ってきたのか。苦しめているものの正体は、学校価値への異常なまでの適応指導だと考えました。子どもたちをそれほどまでに適応させ、追いつめる力は何だったのでしょう。おしゃべりいっぱいのうるさい岳、しばりを解こうともがく優太の姿が見えてきました。

ココ変え❸ ⇩ 子どもを追い詰めているモノを探す

5月の連休が明けると、今度は、星矢が教室に来なくなりました。4月中に「星矢は掃除場所がわからないので遅れた」「ラインサッカーで星矢が叩いてきた、嫌だ」「後ろ向いて乱暴な言葉で言われた、星矢が言い返した」など、いくつかのトラブルはありましたが、深刻なものではないと考えていました。

原因は取り除かなければなりません。その日は母親と電話で話し、次の日は放課後の教室で面談しました。星矢の教室での行動、友だちとの関わり方、時々あるトラブルの起きる様子を伝え、登校できなくなって3日目に歩いて10分、星矢に会いに行きました。4日目、5日目、6日目と職員室で教頭や学年の先生、保健室の先生にも、「行って来ます」と報告して通いました。いつも笑顔で迎える星矢に学級通信を渡し、「明日は、図工で紙粘土やるよ。体育はリレーになるよ」など、少しおしゃべりして帰りました。7日目、星矢は4時間目から学校に来ました。お母さんの自転車の後ろに乗って裏門に現れ、初めはうろうろしながら入ってきました。私が迎えると、表情を和らげて昇降口に入ってくるようになったのです。

星矢は真っ黒な絵を描きました。紙粘土も色を混ぜ合わせ灰色になり、やがて闇のように真っ黒になります。音楽の授業は行きません。怖いと言いました。その時間は、私と教室で粘土や水風船で遊びながら過ごしました。星矢を追いつめるものは何か。星矢や優太はそういう形で何を訴えているのか。何を言おうとしているのか。彼らの要求を一緒に探り、その要求でもっと大きく授業や学級生活を変えたいと考え始めました。

ココ変え❹⇩子どもの興味、やりたいことから出発

班長会でおしゃべりしていると、星矢のやりたいことは、おにごっこ、ドッジボール、紙粘土、漫画の本、紙飛行機と少しずつわかってきました。

6月はプールが始まるので、どのクラスも校庭で体育をやることはありません。校庭を自由に使えるチャンス。カリキュラムを変更して、体育としてリレーを3時間扱いで教材に組み入れました。そして、3回のリレー大会を行いました。4人のチームリーダーを決めて、リーダーがチーム編成をし、

提案を受け全体で話し合いました。足の速い岳がチームリーダーになりました。

6月の中頃、班長たちと相談して星矢が来る4時間目にあわせ、第1回リレー大会を計画しました。星矢は体育着を着ることなく、リラックスした様子で、ヴィブスだけ着て順番を待って走りました。そして、二人を抜いて1位になりバトンを渡しました。チームだけではなく、みんなから「すごい、すごい」とほめられ、「星矢って速いんだね」と見直されました。星矢はうれしそうに初めて笑いました。

優太は、緊張して顔が強ばっていました。岳からも、他のみんなからも「大丈夫、大丈夫、転んでも抜かれてもいいから」と励まされましたが、呼吸が苦しそうでした。走ることはできましたが、走った後はもっと苦しそうに見えました。2回目は学校に遅れてきて、間に合わず、優太には走りたい気持ちがあるけれど、身体が拒否しているようでした。

「自分のできないところも見せていいんだよ」

「得意なところを伸ばして、できないものがあってもいいんだよ」

そんな私の言葉かけは、空々しいに違いありません。優太は失敗しない道を歩まされてきたのかもしれません。いや、厳しく管理し失敗を強く叱責され、恐怖を刷り込まれたのかもしれません。失敗を恐れ、成功を続けることができたら楽しい人生になるのでしょうか。失敗しない生き方ではなく、小さな失敗、小さな挫折を繰り返し体験して生きていけたらいいのになあと、強く思いました。

子どもにいい姿勢をしろとか、前を向けなど約束を押し付けても、その意味もわからなければ、教師の話を聞く気もない子には無意味です。どうしたらこっちを見てくれるのか試すと、子どものの好きなもの、興味があることが出てくると敏感に反応しました。子どもの好きなことが何か、それを調べ、取り入れることが早道です。子どもの興味があることから始めることです。ただ興味は、子どもによって違います。こだわりの強い子には、例えば、虫が好き、乗り物が好き、植物に詳しい、漢字に興味があるなどの傾向があります。

ココ変え❺ ⇩「してあげる」から、「ともに」

お母さんの自転車の後ろに乗って、裏門に現れる星矢。私と同じ班の子どもたち4、5名で出迎えると、笑顔で手を振って昇降口に走って来るようになりました。私は時々、出迎えを忘れましたが、子どもたちは、自分たちで決めた約束を忘れることはなく、そのことにも驚きました。

班長会でも星矢のやりたいもの探しをしました。

私「やりたいもの何だと思う?」

北斗「授業の時も水風船やっているから、水風船やりたいんじゃない」

さやか「星矢さん、みんなと水風船で遊んだ時、またやりたいって言っていたよ」

勇気「ぼくもやりたい、水風船!」

みずき「私もやりたい」

星矢のやりたいことを探していると、子どもたちのやりたいことが一緒に出てきました。他の子どもたちも、「水のかけ合いだから、バトルがいい」「星矢さんと水風船バトルっていうの、いいね」と意見が途切れません。思い切って班長会で、「水風船バトル」を提案しました。発案者は星矢でアイデアを出してもらいました。

これを契機に星矢に居場所ができ、それに伴い暴力や暴言が減りました。暴力が減ると仲間ができました。しかも放課後、星矢の家に集まって水風船とどろんこで遊ぶようになりました。

星矢「昨日基地つくった。今日もつくる」

勇気「星矢、外、行こう。おにごっこやろう」

こんな会話が始まりました。

ココ変え❻⇩人間関係づくりを重視、学力はついてくる

6月の終わり頃、いつもテンション高く、おしゃべりしてくる信司が七夕をやりたいと話しかけてきました。近くにいた優太と春香が反応します。
優太「いいな、やりたい」
春香「いいね、七夕、班長会で提案つくろうよ」
まとめの会で、私は子どもたちを劇に誘うつもりでいたので、とてもいいタイミングでした。国語の単元に「たからもの」という作文と発表の教材があり、このゴールを劇にしたいと考えていたのです。自分のたからものを紹介し、そこに少しの物語をつけて一人ひとりが発表するのですが、それを

班発表にして、さらに班を組み合わせ劇にする。つじつまは、少しぐらい合わなくてもよしとして、活動を重視しようと思いました。班長を集め、七夕まつりの提案づくりをしました。

国語教材の「たからもの」と「物語をつくろう」の授業を使い、劇をつくる計画を立てました。1班は「ハリーポッターとスターウォーズ・たなばた編」、2班は「わかれたおりひめとひこ星」、3班「天の川から流れ星」と決まっていきました。4班は「アナと雪の女王・たなばた編」、5班は「ポケモン・たなばた編」、6班は「空の旅・たなばた編」と子どもたちが名前を付けました。

優太のいる5班は、優太がシナリオを書きました。岳も手伝っていましたが、やがて岳は小道具づくりへ移り、さらに暇そうにして遊び始めました。その様子に、まわりが困ったと言い出しました。私が劇をやる理由の一つは、これでした。劇や何か活動に取り組むと、シナリオをどうするか、登場人物の役を誰がやるか、誰が何を作るか、遊び始める時どうするか、やりたくなくなる時どうするか、と

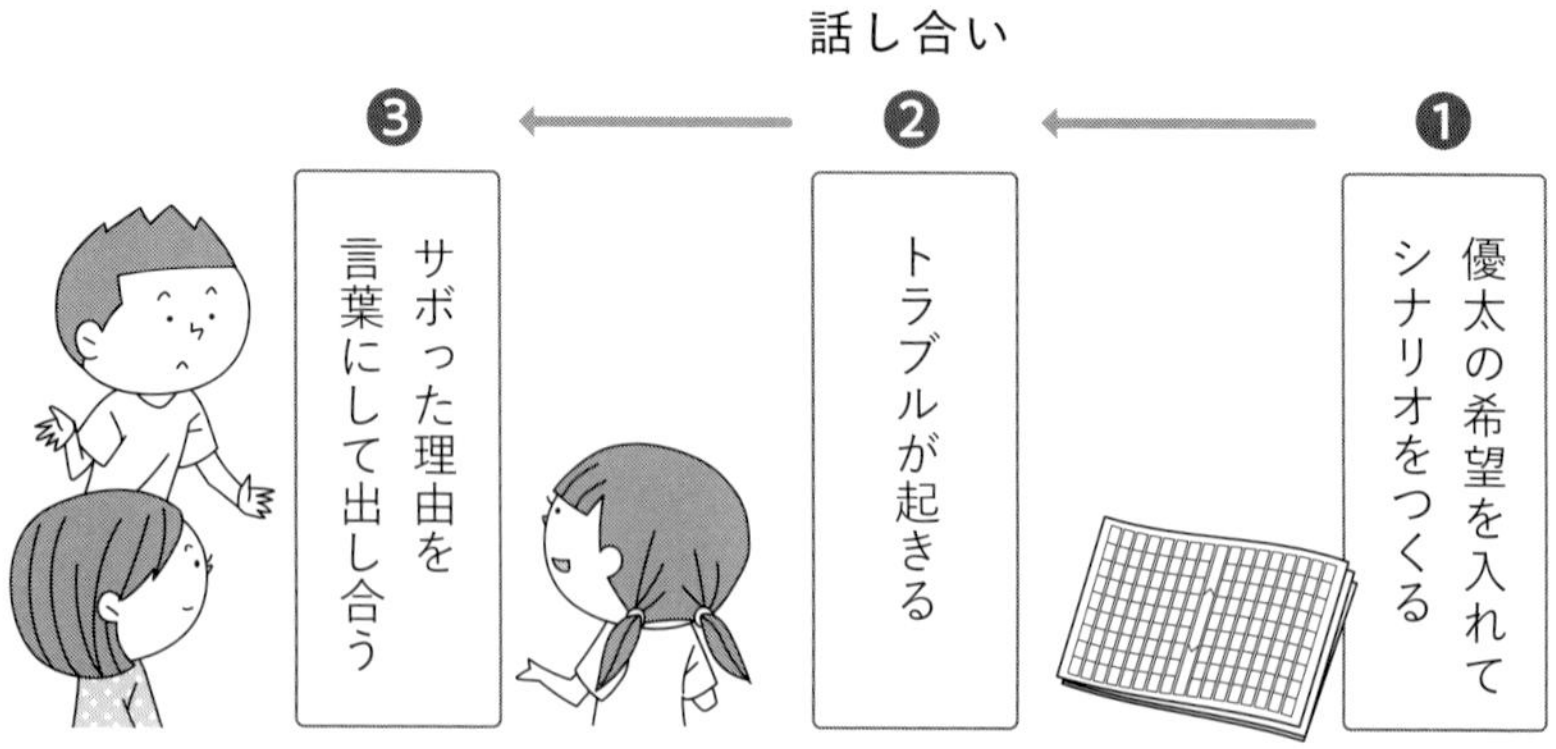
話し合い
❶
優太の希望を入れてシナリオをつくる
❷
トラブルが起きる
❸
サボった理由を言葉にして出し合う

いうことが課題になります。場合によってはトラブルです。しかし、この課題を乗り越えてこそ、子どもたちは成長します。優太と蒼太が、岳たちがやらないので困っている、と相談に来ました。すぐに話し合いが始まりました。

優太「遊んでいるようにしか見えない」
岳「作ってるでしょ」
蒼太「おしゃべりしてばかり」
岳「おしゃべりだめなの。何で？　セッキーだって、おしゃべりしながらいいって」
優太「進まないでしょ」
岳「しゃべっても進むでしょ、楽しくやる方がいいじゃん、やってるし」
優太「笑うのが気になって、シナリオ進まない」
岳「まじめすぎるんだよ！　みんなワイワイして楽しくやってるし、しんと静まりかえってやるの？　おかしいでしょ。静かすぎないように、うるさくならないようにって、みんなで決めたでしょ」
優太「でも進まない。イライラする」
優太が、なぜ、やってくれないのか、遊んでいては進まないと言い、そんなことはない、ちゃんとやっていると主張する岳と対立しました。こういう対立自体初めてです。もめながら、じゃれ合い、対立しながら二人の仲はさらによくなっていきました。

当日の優太のテンションは高く、無理なく自然にダイナミックな動きと声で、明るくうれしそうに、はしゃいでいました。「優太がこわれた、弾けた」というのは、子どもたちの表現です。笑いの渦に包まれて、優太のまわりも岳もうれしそうでした。

優太は終わったあとに、「遊びながら、おしゃべりしながら、小道具作って、楽しみながら劇をやってもいいことがわかりました」と感想を言いました。作文でも「いろいろあったけど、かいけつして、きょう力して、みんなでこわれて、はじけて楽しくできた」とまとめていました。「みんなでこわれてはじけて」、いい表現だと思いました。少し、優太と子どもたちの関係が変化した気がしました。

星矢は休み時間にも、スターウォーズの剣を何本も作り、北斗や他の班員、他の班の仲間も剣を作って教室が戦場になりました。「水風船遊びのルール」と同じように「剣作りと剣遊びのルール」が必要になり、話し合いが生まれました。そうして、星矢のやりたいことをまた一つ見つけ、実現できた気がします。北斗のシナリオで星矢の戦いのシーンをつくり、すさまじい決闘場面になりました。途中に「セイヤ！　セイヤ！」と予想外の星矢コールが起き、最後に星矢が倒れる演技で幕を閉じました。星矢もはじけ、学級がはじけていきました。

沙羅は七夕まつりで弾けた劇を終えて、同じ班の香里と桃子を誘って、ダンスクラブを立ち上げました。すごいダンスではありません。今月の歌に、自分たちで簡単なノリノリの自作ダンスを付けただけです。しかし、ダンスチームは沙羅の居場所であり、沙羅の作業場であり、沙羅の仲間づくりの秘密基地になりました。優太も星矢も沙羅も、自分がこれまで思っていた学校から自分の生きやすい、望む学校をつくったのではないでしょうか。

昨年からの同僚が、「3人とも去年と全然違って、明るくなりましたね。あんな笑顔、友だちとおしゃべり、見たことがなかったからすごいですね」と語ってくれました。この劇を越えて、学級のテンションがさらに高まっていきました。もう私は、あとをついていくだけです。

静けさを壊し、劇で活動的な授業に改造

スタンダードから子どもに合わせた学校へ

行き過ぎた「学校スタンダード」は何をめざすのでしょうか。

授業の始まりはもちろん「よろしくお願いします」で、終わりは「ありがとうございました」です。それでいて子どもは静か。発表のない授業でいいのでしょうか。

ココ変え❶ ⇩ しばりは必要ですか

キーホルダーはもちろんキャラクターの文房具も禁止され、給食の時は、全員が給食着で食べます。掃除はもくもく（黙々）清掃、点検もあり、うちの学校では賞状も出ます。何かにつけ「T小スタンダードをつくりましょう」と公言します。宿題、音読カード、読書カード、金曜日の保護者宿題チェック、朝自習プリントなど学校で統一されています。授業の進め方や学級会の進め方にもしばりがあり、カードが配布されています。

若い人たちにはマニュアルが必要で、それを欲しがっていると説明されました。教育委員会の研修に行くとそこで推奨され、伝達されてきます。市内のどの学校も少なからず染まってきました。ここは最先端かもしれません。私は「しばり」をできるだけ避けていくことにしました。

ココ変え❷ ⇩ モノが言えない子どもの声を拾う

始業式の翌日、教師提案で学級びらきを行いました。この学級会では、ゲームをしても、私が歌っても踊っても反応が薄く感じました。壁をつくっているような雰囲気が漂っていました。やりにくいなあと思いました。リーダーが見えないし、子どもが見えないし、盛り上げようとしても、沈んでいきました。打ち消し合い子どもたちが隠れているような気がしました。

給食の時、私は一日交代で各班を回って、おしゃべりをして食べています。「いただきます」のあいさつは、一斉ではなく、クラスで話し合い「班ごと」に言うことに決めました。

「何で、意見言わないの？　女子は特に全然反応しないよね」

「だって、発言すると、男子がすぐに何かいうから……」

「去年はそれが嫌でみんな黙っていたと思う。今年はそうでもないけど」

「先生にお願い」と題して要求を聞きました。いろいろな反応がありました。その要求から、教師案の「4月の班をつくろう」を、班長会で相談し、提案してつくりました。当面の方針を、提案理由と目標に書き込みました。「授業中はおしゃべりをたくさんしよう」「給食中はおしゃべりいっぱい」などです。これは子どもが望んでいる学校なのでした。

4月は全く要求が出されず、何のトラブルも報告されませんでした。必ず班の話し合いの時間をとってから、要求や連絡を聞きましたが、出されることはありませんでした。予想外に、この時間は班からのクイズを出して楽しむことができました。しかし、5月になっても、要求が出ることはありませんでした。要求とは何なのか、なぜ要求を考えなければならないのかと私が責められているような雰囲気さえ感じました。5月下旬、班競争の教師シール評価や学級通信にその評価コメントを始めると、朝の会で要求が少しずつ出てきました。きっかけは、夏帆のバスケットボールチームの要求でした。その後、少しずつ広がっていきました。

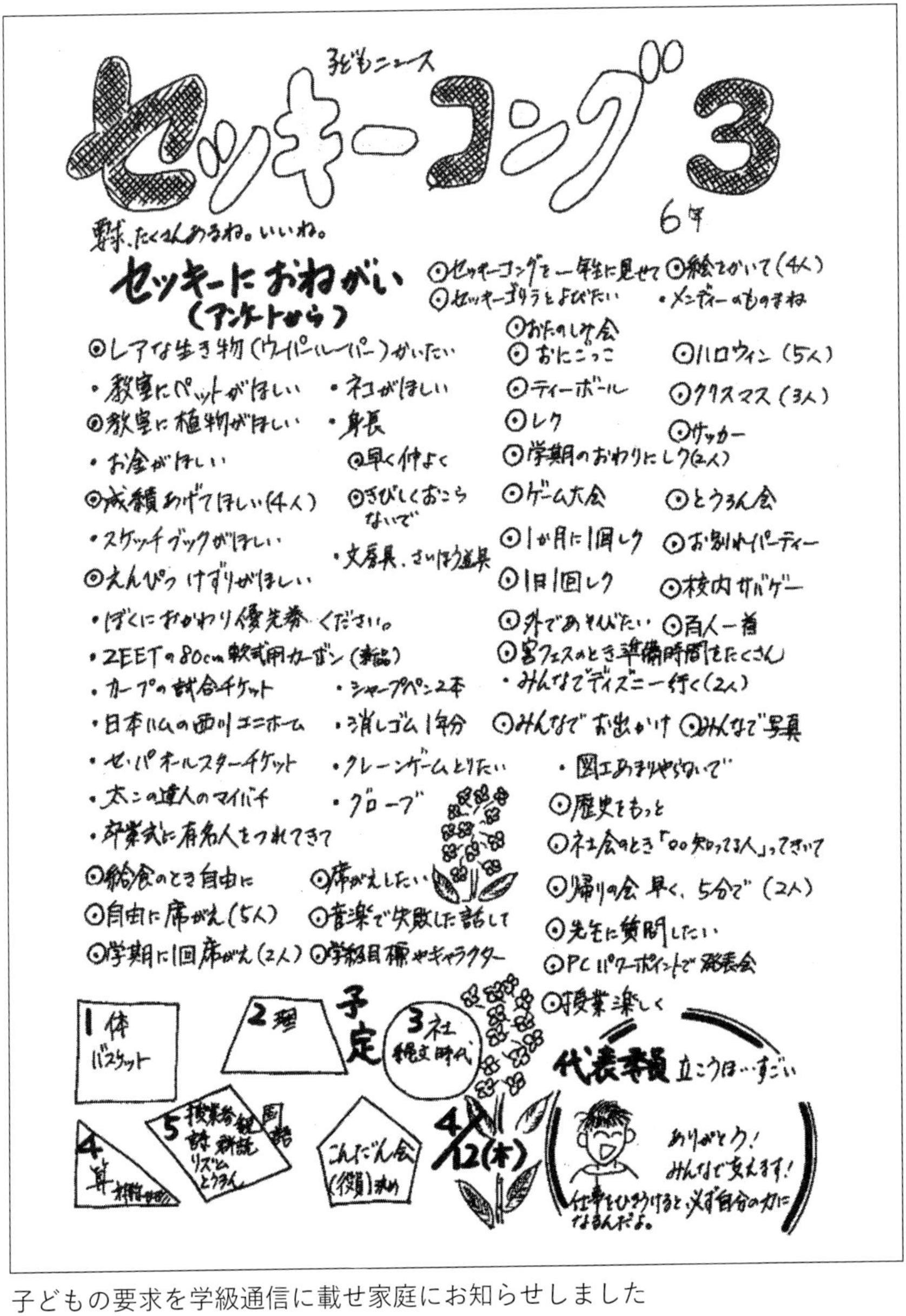
子どもニュース
セッキーコング3
6年
要求、たくさんあるね。いいね。
セッキーにおねがい（アンケートから）
◎レアな生き物（ウーパールーパー）かいたい
・教室にペットがほしい
・ネコがほしい
◎教室に植物がほしい
・身長
・お金がほしい
◎早く仲よく
◎成績あげてほしい（4人）
◎きびしくおこらないで
・スケッチブックがほしい
・文房具、さいほう道具
◎えんぴつけずりがほしい
・ぼくにおかわり優先券ください。
・ZEETの80cm軟式用カーボン（新品）
・カープの試合チケット
・シャープペン2本
・日本ハムの西川ユニホーム
・消しゴム1年分
・セ・パオールスターチケット
・クレーンゲームとりたい
・太鼓の達人のマイバチ
・グローブ
・卒業式に有名人をつれてきて
◎給食のとき自由に
◎席がえしたい
◎自由に席がえ（5人）
◎音楽で失敗した話して
◎学期に1回席がえ（2人）
◎学級目標やキャラクター
◎セッキーコングを一年生に見せて
◎絵をかいて（4人）
◎セッキーゴリラとよびたい
・メンディーのものまね
◎おたのしみ会
◎おにごっこ
◎ハロウィン（5人）
◎ティーボール
◎クリスマス（3人）
◎レク
◎サッカー
◎学期のおわりにレク（2人）
◎ゲーム大会
◎とうろん会
◎1か月に1回レク
◎お別れパーティー
◎1日1回レク
◎校内サバゲー
◎外であそびたい
◎百人一首
◎宮フェスのとき準備時間をたくさん
・みんなでディズニー行く（2人）
◎みんなでお出かけ
◎みんなで写真
・図工あまりやらないで
◎歴史をもっと
◎社会のとき「○○知ってる人」ってきいて
◎帰りの会早く、5分で（2人）
◎先生に質問したい
◎PCパワーポイントで発表会
◎授業楽しく
予定
1 体 バスケット
2 理
3 社 縄文時代
4 算
5 授業参観
こんだん会
4/12(木)
代表委員 立こうほ…すごい
ありがとう！
みんなで支えます！
仕事をひきうけると、必ず自分の力になるんだよ。

子どもの要求を学級通信に載せ家庭にお知らせしました

ココ変え❸⇩不満を言える子、その子はリーダーです

「また、黒井先生（専科）にディスられた」

と夏帆が近づいてきました。私は、

「そうなんだ、どうしたの」

問い返しました。

「一度怒るとそのまんま、ずっと怒ってんの、やばくない？」

夏帆は、今までのクラスでは、自分を出さないようにしてきたと教えてくれました。こんなふうに文句が言えるようになったと思うとうれしくなりました。子どもが自分を出せると思うとホッとします。ある時は、

「意見が合わない。友だちできない。勉強できない。学校つまんない」

不満を言いに来た時もありました。私はいつも、

「そうなんだ、ごめん。先生も頑張るから夏帆頼むね」

と、頼りにしていることを伝えました。

この日も、夏帆とおしゃべりしていました。

「(体育の) バスケットボールチーム、負けてばっか。変えたいです。でも、反対されるっしょ。言いたくない」

初めて不満が具体的な要求になりました。

「朝の会で言おうよ。付け足して言ってあげるよ」

と、励まし誘ってみました。朝の会に、夏帆が手を挙げて発言し、初めて夏帆の言葉で要求が提案され、「確かに」とみんなの賛同を受け、バスケットボールチームのメンバーを一部入れ替えるトレードが決まりました。入れ替わる本人たちも納得です。夏帆はニコニコうれしそうでした。その日の掃除の時間、夏帆は理科室で歌って、踊っていました。声を張り上げて、恥ずかしげもなく、ハイテンションで実に気分よさそうでした。

国語「討論会をしよう」の単元です。討論会のテーマ決めをしていました。なかなか決まらず困っている4班に、私がアドバイスをしました。定番であり、盛り上がるテーマ「都会と田舎どっちがいいか」をすすめたのです。ところが、隼人は、

「あーっ、つまんねえ、そのテーマ、ベタでしょ、やりたくねえ」

と、あからさまな態度で返してきました。

隼人は、夏帆が常日頃から「ムカつく、うちのクラスの男子」と言い、班の中での話し合いでもよくぶつかっている3人のうちの一人でした。隼人の言葉に甲斐と達也も賛成しました。態度だけを見れば反抗的な嫌な子たちです。でも彼らは、こんな態度をとっているものの、真っ先に発言してきます。授業でも学級会でも、自分の思ったことをそのまま言います。

「この詩、何？　よくわかんないよ」

「詩を読むのと群読にするの、関係あるの」

こんな調子でした。甲斐は、内科検診の時保健室前の廊下で、

「何でこんなに待つの、休み時間つぶれる」

と私に聞こえるように、でも少し控えめに、コソコソ話していました。静かに、学校のきまりであるスタンダードに従う子どもが多い中で、何かにつけ、ブツブツと、

「文句」

という形で、不満を言える3人でした。大人不信、教師不信が見え隠れします。強く押さえつければ、表面から消えていく不満の声です。私は、不満を言える彼らをすごいと思いました。この不満は子どもたちを代表した文句だからです。そして、この文句は、ひっ

どんな子がリーダーか

表　積極的な子・何でも引き受け、みんなをよい方にリードしてくれる。

- **言いたいこと、やりたいこと（一つの価値）を要求として出せる子**
- **意見が違っても他の子のつぶやきを聞いて、共感し、それを表現できる子**

裏　否定的な言動や態度の子
影響が大きい。不満を要求に変えればみんなの代表。

- **不満、文句（反対の意見・もう一つの価値）をもっている子**

くり返せば要求です。

しかし、この文句を押さえつければ、不満は裏側に潜み、裏の世界の空気をつくり出します。こうした言動が、別の小さな声を抑圧し、否定の連鎖をつくり、封じてきたに違いありません。

不満の声は、体制に抵抗することにもなりますが、反面、弱い立場にいる者に向けはけ口にされると、小さな声を封じ込めるとともに、いじめを生む温床にもなるでしょう。彼ら3人は、感情のままに、やりたいことをやり、言いたいことを言いました。私は3人が不満を言うことを保障し、まわりの子どもたちにも、彼らのように、もっと自分の声をあげていこうと誘いたかったのです。それが、子どものいる学校らしいと思ったのです。彼らをリーダー候補と考えました。

ココ変え❹⇩ 自分の意見や考えを表明させよう

不満派の男子3人と夏帆が班長になりました。俄然班長会はいろいろな意見が出され、学級としても不満を含めてモノが言いやすくなったと私は感じました。休み時間のバスケットボールのことが話題になって、朝の会で要求が出されました。

「みんなにボールを回してほしい」

「学校的」に言えば、その通りだと思ったところへ、反論がありました。

体育みたいに時間がたくさんあればパスできるが、休み時間は短いし、やりたい人がやっているという流れでした。それでも、「できるだけ努力しよう」という結論になりました。ボールが回る側、強い立場とボールが回らない側、弱い立場の意見表明の場面でした。どっちに決まるかの前に、思っていることが言える、これが大事なことです。強い立場も弱い立場も顔を出せてきたと思いました。
次の日、同じような話し合いになりました。
優子「全員発言ができた回数だけ何枚でもシールが貼れるということにしたい。みんな、やる気が出ているので」
数名が賛成して、学級の雰囲気がそれでいいとなった時に、思いがけない反対意見が出されました。
真一「そんなことをしたら、班と班の差ができてしまう。できない班のことを考えてほしい」
4班の班長、真一が弱い立場からの考えを表明しました。続いて、同じ4班の班長、夏帆が発言しました。
夏帆「発言できる班だけが、どんどんシールをもらうのはよくないと思う」
広史「最大、3回全員発言、3枚までにしたらどうか」
達也「差が出てもしょうがない。競争だから何回も発言すればいい」
達也が強気で切り返しました。しかし、違う方向に意見は続いていきました。
美香「それでは、発言できない人に無理に発言しろって責めてしまう。今、少し頑張っているのに」
伊豆美「頑張るのはわかるけど、頑張り過ぎて嫌になる。私もやっと発言できるようになったから」
私はこのようなやり取りを聞きながら、子どもたちがこれまで築いてきた価値が、自分の意見を表明することを通して他者とぶつかり、問い直され始めていると思いました。モノが言えるクラスになれば、自然と発表も増えてくるでしょう。

ココ変え❺⇩ 授業を改造、参加型の授業に変える

まだまだ静かなクラスではありましたが、潜み隠れるハイテンションの子どもたちと学習活動、授業で盛り上がろうと思いました。班長を集めて、二つの提案を相談しました。授業前5分間を子どもたちがミニ授業すること、社会の授業で歴史劇をつくることです。

「先生が言ってたミニ授業と歴史劇ね」

「おれたちの授業と歴史劇ね」

「そうそう、あれをやろう」

「いいよ。やろう。でもさー、班のみんな乗ってくれるかな」

「静かだからね。反応ないし」

「でも、この頃、給食なんか、ハイテンションになってるよ」

「少し、しゃべるようになってきたよね」

「提案つくろう」

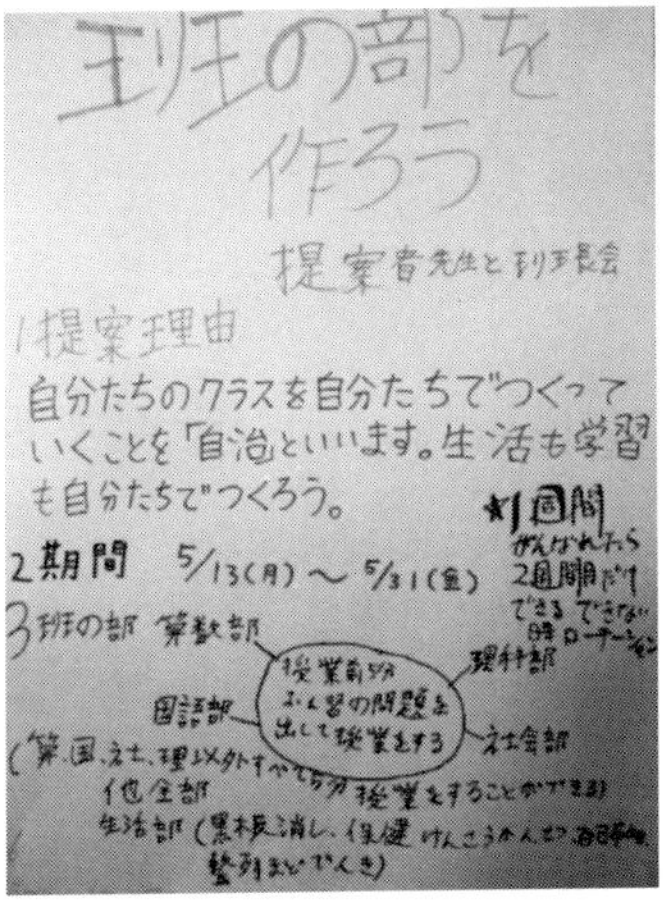

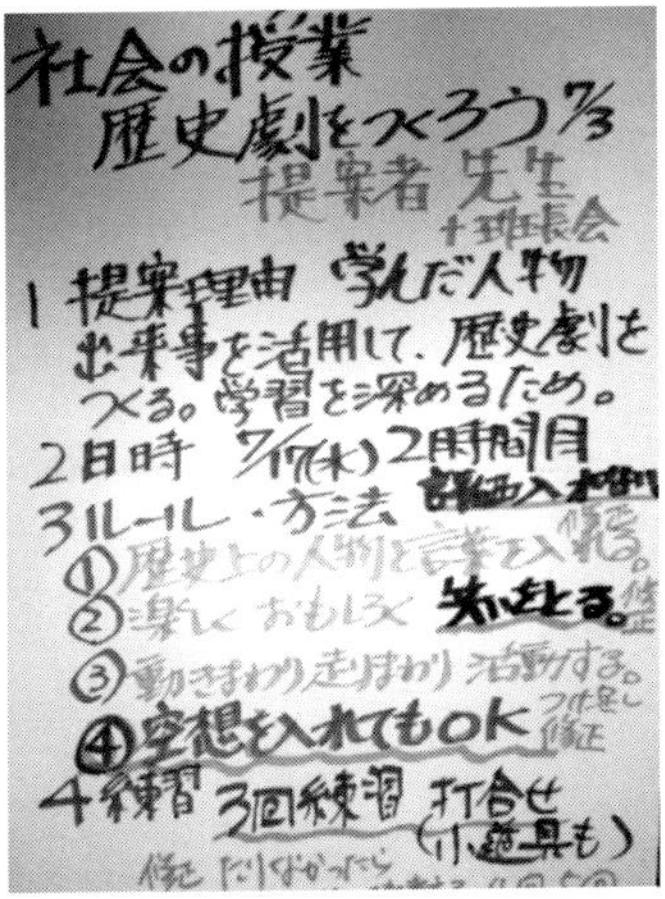

「班の部をつくってミニ授業」と「歴史劇をつくろう」

こんな調子です。写真はそこでできた提案です。

提案者は、私と班長会です。班を中心として活動することで協力するちからをつくります。また、学習を子どもたちがリードし、楽しくします。さらに、自分たちのことを自分たちで進められる自治のちからをつけることができます。教科指導と同時に学級づくりです。

□ 5分をめぐる教師対子ども

私「5分過ぎたよ。もういいかな」

「今出したこの問題に答えてもらって、それで終わりにしてもいいですか」

私「いいよ。今の問題をもう一度どうぞ」

「先生、だめじゃないの。5分って決まったんだから」

私「いいね。そうだよね。この話し合いを朝の会でやろうね」

トラブルの二つ目は、権利の闘争です。

私「チャイムが鳴り終わったので、2時間目の算数の授業始めます」

「先生、待ってください。算数部で出ようと思っていたところなので、いいですか」

私「え?! だってそういうことに決めたよね。出ない時には、5分間なくていいって。少しの差だったね。残念」

「ちょっと待って。今、問題を班で確認していたところなんで、すぐできます」

「先生、大人げないなあ。算数部の問題がいいなあ。時間をあげなよ」

私「いいよ。朝の会で話し合いね。でも、約束だから、この時間は、算数を先生が進めるよ。テスト返しもあるし、時間がもったいないからね」

学級会の議題になります。子どもと時間の奪い合いです。3時間目はもちろん、国語部がチャイムの鳴る前から、黒板に問題を書き始めていました。私の顔を見て、してやったりと、にやにやドヤ顔でした。子ども先生による学習部の活動が活発になると、教師も時々悔しい思いをします。なんと、ふだんの授業では、手を挙げない子どもたちが、どんどん発言するのです。確かに、復習の問題ではあるけれど、私の発問に、そこまで意欲的に発言していたかなと、自分の授業を振り返ることになりました。こうやって、子どもたちが授業でも主体的に動くようになりました。

ココ変え⑥⇩劇で主体に、気持ちと身体を自由にしよう

授業が軌道に乗ってくると、次は私が最も得意な劇です。歴史劇の提案を受け、学級会が始まりました。

議長「修正案を班で話し合ってください。必ず一つ出してください」

議長「それでは、1班から修正案をどうぞ」

「1班は、劇で楽しく、おもしろく、笑いをとるを付け足します」

「2班は、劇の評価を入れない、感想発表だけにするにしてください」

「3班は、空想を入れたいので、空想もOKに修正してください」

「4班は、3回の練習で足りなかったら、時間をつくるにしてください」

「5班は、先生もどこかに入るに修正です。先生やりたそうだから」

いろいろな案が出てきます。歴史劇は、ドタバタと劇遊びですが、楽しめます。観客はいりません。授業参観に合わせる必要はありません。保護者は観たがりますが、部外者なしの方が、思いっきり遊べます。

4班夏帆の「秀吉の一生」が抜群でした。笑い過ぎて倒れそうでした。1班隼人の「長篠の戦い」、2班甲斐の「元寇」、5班達也の「本能寺の変」も傑作でした。「平安貴族」の3班も、ふだんと違いテンション高く、大うけでした。班長の春奈も大騒ぎでした。

歴史劇では、ふだん見せることのない姿が見えて子どもたちの関係が深まります。次の政治劇、裁判劇が楽しみになりました。3学期は、それぞれの部が30分の授業をもつことができるようになりました。1時間の授業を各部の授業準備時間に当てました。本時は30分間を班から、残り15分間で私のまとめをする授業をいくつか企画しました。

□劇に子どもが熱中する理由

子どもたちがモノを言える学級にするには、安心感と気持ちの自由が必要です。子どもが熱中する秘密は、雰囲気づくりと仕掛けです。

まず初めの雰囲気づくりは、教師が劇っぽく授業をすることです。私の「遊び虫」「セッキーコング」という歌とおどりはそのためのアイテムです。きっとみなさんもギターやオルガンなどの楽器、ダンスやゲームの一芸があると思います。それを生かすことで、授業は別の世界をつくり出すと思います。また、授業が開放的になると演技力のある子を見つけられます。「それ、ちょっとやってみて」とお願いすれば、乗ってくる子は必ずいます。さらに、そのノリノリの子は自分の相手を見つけます。二人、三人と増えると班で演技ができるようになります。

仕掛けは、活動の提案です。

「集団遊び、ジェスチャーゲーム大会」「歌、ダンス大会」「お笑い、漫才大会」「係の仕事を班のアピールで決めよう」などは学級活動です。「ごんぎつね（国語）場面劇」「農家の仕事（社会）、ジェスチャークイズ」「銀のしょく台（道徳）をミュージカルにしよう」、などは授業です。教師は必ず参加します。

「先生も入れてよ。役がほしい！」

とお願いします。オファーがあれば、すべてに、どんな役でも参加します。

やりたい班から始めます。やりたい班の中のやりたい人から始めます。やりたくない班はあります。やりたくない人は必ずいます。やりたくなるまで待ちます。やりたくない権利を認めます。したがって、やりたい人の権利も認めてもらいます。やりたい教師の権利も認めてくれます。

「先生がそこまでやりたいなら、いいか」

教師の「わがままな」な要求から始まるのかもしれません。

授業で、モニタリングするという発想

3

詩を書き、多様な他者と共生

子どもたちが授業の中で自分の生活を語り、生活を見つめる。中心に位置づけたのが国語、詩を書く活動です。書くことを通し自己を見つめる、セルフモニタリングの発想です。モニタリングを通してつながりをつくろうと考えました。

今年のクラスには気になる子が4人いました。一人は5年になって転入してきた長崎さんです。2年の頃から不登校で、昨年は少し減ったとはいえ欠席が32日。今年も週に1回お休みし2回遅刻するペースで過ごしています。次は弘樹くんです。「しあわせってどんな時?」と質問すると、弘樹くんは「他人のことを考えず、自分のことだけを考えること」と答えました。お父さんは起業家で、3年の時から中高一貫校への進学を考え、4年の夏、バレー部をやめ、長い昼休みも塾の宿題をしていました。ただユーモアもあり、まわりにはいつも人がいて、孤立しているわけではありません。しかし、こういう人生を本人が受け入れているのか、私は気になります。3人目は、小学校に入る前までお母さんと二人暮らしでしたが再婚し、一昨年弟が生まれ、その頃から言葉や態度が乱暴になったアカリさんです。私や子どもたちが何か話すと言葉尻をとり、けなす傾向がありました。学級役員にも立候補してきましたが落ちました。最後は、支援学級に在籍する倉之助くんで、みんなは倉ちゃんと呼んでいます。まったく席に座らない。気にいらないことがあると教室から出て行く。それを止めると噛みつくか罵倒する。平仮名しか書けない、たし算引き算が精いっぱい。支援学級の教師と折り合いが悪く、いつもフラフラとしていました。

ココ変え❶ ⇩ 授業でたっぷり書かせよう

私は長崎さんのことを意識して、発表よりも書く活動を増やすことにしました。5月の終わりに国語で作文が出てきました。「出会いから1か月、クラスのいいところを書いてみよう」と呼びかけました。友だちや授業、班活動のいいところに目を向けてほしいからです。書き言葉の交流は、話し言葉とは異なる、ほのぼのとした雰囲気とトーンを学級につくってくれます。初めの指導は、出来事のままに言葉のスケッチをすることです。あった通り、思った通りに書いてごらんと呼びかけます。

朝の教室

わたしが一番　　先生が二番　しーんとしている教室
話がはずまない　　どうしよう　　出ていこうかな　　早くだれか来てよ
ひとり来た　　よかった　　わたしはホッとした
でも　次の日も　　わたしが一番　　先生が二番
また　しーんとしている教室　　早くだれか来てよ

さっと書いた子が詩を持ってきました。「こんなことを考えていたんですね、ちょっとひどいよ」と笑いを誘いながら、次の詩を読みました。笑いを誘い、こんなのでいいのなら、書けそうだと気持ちを楽にする、安心させることができると大成功です。

おにぎりつくろうよ

いただきまーす　　ご飯をつぎに行くぞ
うわー　いっぱいきたー

一番につぐぞ　いまから食べよう
すると先生がコックの姿で
おにぎりをします
にぎにぎ　にぎにぎ　はい、どうぞ
ありがとうございます
でも先生　ちょっと塩がききすぎです

倉ちゃんは嫌なことがあると給食を食べません。それで、コックの衣装を身につけておにぎりをつくり、気を引くようにしています。詩を読み上げると、長崎さんが半分くらい書いていました。話しながら二人で書きあげた詩を読みました。

家庭訪問
ピンポーン　チャイムが鳴った
私は出前かと思った　先生だった
ちょっとびっくりした　なにしに来たのかな
「日課表を教えに来た」

詩の書き方

❶ 順に出来事を思い出し、羅列してみる。それだけで詩になる。

❷ 教科書に載っている詩をもとにして、替え歌調で替え詩をつくる。言葉遊びになって面白い。

❸ 5・7・5調に俳句や川柳にして出来事をまとめさせる。短いので面倒がらずに楽しみ引き込まれる。

❹ できた人の作品から読み、笑いを誘い書く意欲を高める。最後は、隣と交換してコメントを入れ合う。

先生は言った
私は受け取り　リビングに戻った
先生、日課表ちがっていたよ

欠席の連絡のため訪問しました。今度はアカリさんが詩を書き上げました。

ヒロキくん
となりのヒロキくん　「ここはこうよ」教えてくれます　テストも百点ばかり
「なぜそんなに頭がいいの」　聞いたら　「しらん」
「どうなったらそんなに頭がよくなるん?」　聞くと　「しらん」
また言われた　勉強のことはあきらめて
「なんでそんなにやさしいの?」　聞いてみた
「やさしいかな」って　答えられた
どんな質問したら　ちゃんと答えてくれるの　ヒロキくん!

当の弘樹くんは書く気がなさそうでした。テストは一番にできるのに鉛筆が動いていません。その様子に私は、書いたらどう思われるか、大人の心理を気にして、自分の姿を見せたくないのかもしれないと考えました。

ありのままに書けるようになると、次は隣の人を書いてみようと投げかけます。子どもたちは相手をじろじろ見ながら書き始めます。繰り返していると、常に人を観察するようになります。また相手から見られていることを意識します。こうやって他者意識が生まれ、相手の特徴を観察するようになりました。

ココ変え❷⇩友だちや自分をスケッチしよう

となりの人

ぼくのとなりの人は　アカリさんです　アカリさんは絵がうまくて
いつも絵をかいています　アカリさんは　絵だけ描くノートを持っています
だけど　見たことはありません　だから一度だけでも
ぼくに見せてください　アカリさんは逃げ足が速い人です
リレー選手のぼくが　追いつけない　どうなってんの
あなたの実力　教えてください

かみがた

みうら先生が　わたしの髪を結んでくれた　みんなから

じろじろ見られているわたし　給食が終わった後　ゆうちゃんから
かわいいといわれた　でも　そのあと　ちょっかいだされた
わたしはやり返した　シュートくんから「髪型、似合ってるね」
といわれた　その瞬間　先生が　にやっとわらった

長崎さんが学校に無造作な髪型でやってきていたので、三浦先生に私が頼んでいたのです。自分の髪型のことを振り返り、長崎さんは書きました。振り返ると温かい思い出がある、彼女は書くことによって意識化されたはずです。毎月、月末には詩を書こうと呼びかけています。導入は詩の単元ですが、行事の後などにも詩を書いてもらいます。生きるという詩を学習し、替え詩にしました。

花粉

生きているということ　いま生きているということ　それは杉
それはくしゃみ　それはアレルギー　それは鼻水　それは目が痛い
たくさんの花粉をガードするということ　そして
花粉の季節がすぎるのを　じっと　見守るということ

この詩は大うけでした。声に出して言うよりも、文字にして表すほうが伝えやすい、子どもたちは書くことに馴染んでいきました。と同時に、言葉も豊かになり暴力が減り、学級が落ち着いてきました。暴力で表現する必要がなくなったのです。

ココ変え❸⇩対応策を授業にするという発想

6月の昼休み、支援学級の先生から注意された倉ちゃんが、久しぶりに激しく怒り、パニックを起こし、教室のほうきを持って仕返しに行こうとしていました。そこへ、アカリさんが通りかかり、

「倉ちゃんは悪くないけん」

と声をかけてくれました。私もそばで、

「おまえの気持ちはわかるよ。きみは悪くないよ。きみは悪くないよ」

と背中をさすりました。すると倉ちゃんの身体の力がだんだん抜けていきました。

私は午後の学級活動の時間にこの出来事を話し、「アカリさんの対応に学び、倉ちゃんにどう働きかけたらいいのか、発見していることを出し合おう」と、投げかけました。学級集団、みんなの関わり方の問題として取り上げることにしました。意外なほど、子どもたちは倉ちゃんを見ていることがわかりました。
・ちゃんとしろ！　と注意すると一瞬しょげ、もう我慢できんと言って出て行く
・出て行く時は、大きな声を出しイスか机を倒す
・あやまれーと言うとあやまらずに逆上する
・みんなで注意すると一発で怒る

など、マイナス面の行動がたくさん出てきたので、プラスの関わりに話を移すと、

・1対1だとおとなしい。タンちゃんと甘える。それもすり寄り、さわる、抱きつく

・JR、車の本が好き。シールをあげるというと頑張る

・好き嫌いが多いが、みんなより早く給食を食べ始めるとちゃんと食べる

・帽子がないと落ち着かない。帽子が必要

・徒競走は抜かれると走るのをやめる。人より先にスタートするといい

・教室を出て行っても、廊下をウロウロする。探さないとドアをバタバタと蹴る。これは探してほしいということではないか

想像以上に多くの子どもの声を聞きながら、もっと早く授業にして、他者理解を進めればよかったと感じました。

ココ変え❹⇩自分の苦手経験を出し合い他者理解

夏休み前の一大イベント、クラス対抗のリレー大会が、5日後に迫りました。今日はリハーサルの日です。クラス15人で1チーム、二つのチームづくりをしました。

「先生、隣のクラスは強いチームと弱いチームに分けています」

荒金くんが偵察したことを報告しました。

「うちはチーム分けを変えませんか」

と提案してきました。リレー実行委員にそういう考えがあることを話すと、

「1組みたいにしたくねー」

反対の声も上がりました。けれど荒金くんが、

「倉ちゃんがいるチームは、いつも負けるしなあ」

ぼやきました。もう一度学級会を開き、話し合うことにしました。

「勝つためのチームをつくるのもいいんやねえか」

運動の得意な子が発言すると、同じような意見が続きました。弘樹くんが、

「弱肉強食……」

と、ささやきました。小さな声でしたがシーンとなりました。ちょっとして、

「私は走るのが遅いから、区別されるのは嫌！」

アカネさんが叫びました。すると「そうや」とおとなしい子がつぶやき、

「いつも傷つけられてきた」

と、発言しました。何人かのおとなしい女子が続きました。初めてでした。

「平等のチームでいいんじゃねえか。何とかなるやろ」

気楽な子が言うと、みんながホッとしました。弘樹くんが、

「サイは振られた」

と、まとめました。

けれど給食時間、長崎さんの顔色がさえません。

「どうしたのかな、長崎さん」

声をかけると、給食を食べるのをやめました。ちょっとして

「お腹がいたい。今日のリレー大会のリハーサル、出たくない」

と、ぽつりと言いました。私は班長と相談し、班のメンバーを集め「苦手なこと自慢大会」を昼休みに開きました。この人数なら長崎さんも、話を聞きやすいと思ったのです。長崎さんは誰にでも苦手はあるのねと最後に微笑みました。

○○大会をすれば学級がまとまる、学年がまとまるという考え方は間違いです。取り組みを利用して子どもたちを上手にしばろう、団結と言いながら管理し、異質な子を排除しようとしているだけです。適応できない子は暴れるか、不登校が増えるでしょう。倉ちゃんも暴れだしました。勝つことに子どもたちが向かっていたからです。競争が排除を生みました。重要なことは話し合いのベクトルを変えることです。高学年の実践なので、「きみたちはどんな工夫ができるのか」と倉ちゃんの問題を子どもたちの問題へと転換しました。これを当事者意識、当事者主権と呼びます。話し合うとは、多数の側が自分の関わり方の問題として受けとめることです。

ココ変え❺⇩詩を書いてエピソードでまとめ

国語の時間を使って、リレー大会のまとめとして出来事を詩で表現してもらいました。子どもたち

は、自分の思いを表現することに慣れてきていたので大よろこびです。大きな行事のあとは、気持ちが高ぶっていることもあり、ユニークな詩ができました。

大人のテント

ぼくは　放送係りだ　本部席にいた　リハーサルのとき
「本番はおうちの人がいっぱい来る。だから静かにして」
原田先生は言った　いわゆるここは　大人のテント
といっても　本番は　お客さんは　大きな声でしゃべっていた
ぼくは　少し小さい声でしゃべった
原田先生は　リレーのとき大声で　応援していた
ぼくは静かにした　ぼくはいいつけを守り　原田先生はやぶった

できた子から読みました。長崎さんが一風変わった詩を書いていました。

待っている時間

ばあちゃんにしかられたの　雨の中　学校へ行ったから
ずっと待ってた　ずっとだよ　だって、このあいだ
英子ちゃんを待たせたから　それもある　英子ちゃん来るの

時間かかるかなと思った　ひまだった　さみしかった
期待してた　だけど来なかった
わたし　ひさしぶりだった　待ちあわせたの
待っている時間　ウキウキしてた　これからもよろしくね

英子ちゃんとリレーの練習のため、放課後に学校で待ち合わせたというのです。誰かと約束したドキドキ、ワクワクを書いてきました。すると英子ちゃんが、こんな詩を提出してきました。この詩はみんなの前では読みません。黙って読みました。

初めて知った
新しく転入してきた長崎さん　これまで話さなかった　休みも多かった
だけど　何か家族で問題があるのかな　と思っていた　とつぜん長崎さんが
「わたし、お母さんと離れて暮らしているの」
といった　「さみしくないの」　と聞いたら　「もう、なれた」
と答えた　わたしはそのとき　無理してんじゃないの　と思った

子どもたちの感性は鋭いなと思います。ほんのわずかな時間付き合っただけで、背景に抱えたものをとらえるのですから。ふっと外を眺めていると、子どもたちが次々と詩を読んでくれとばかりに並んでいました。自分の隠している思いを知られたいような、だけどすべてを知られるのは不安な複雑な思い。詩を読むと、子どもたちは笑い声をあげ、あの人はそんなことを抱えていたのかと、学級の雰囲気を柔らかくしました。ふだん口数の少ない男子が倉ちゃんのことを書いてきました。

不思議（金子みすゞさんの詩をもとに）

私は不思議でたまらない　すごく小さいこの空が
黒い空になって　雨が降るということが
私は不思議でたまらない　私がうしろを向いたなら
いつも倉ちゃんはひとりごとを　言っているということが
私は不思議でたまらない　高橋くんが
女子にとても　いじられるということが
私は不思議でたまらない　人は楽しいと笑い
悲しかったら　泣くということが

チャイムが鳴りました。アカリさんが私の肩をちょんちょんとたたき、読んでと目で合図しました。

私

私は、わらう　私は、なく　私は、おこる

私は、学ぶ　　私は、こうやって生きる

表現活動では白紙のことが多い弘樹くんが、初めて詩を完成させました。

雑草

ぬいても　ぬいても　また生えてくる
いくら踏まれて　蹴られても　根強く生えて　踏ん張った
綺麗な花を咲かせることなく　ただただ　生えているだけだけど
いつか　立派な花を咲かせ　歴史に名を残すことを夢見て
きょうも　あしたも　あさっても　耐えて　耐えて　耐えている
雑草の名はぼく　ここを通るなら　ぼくを踏んでいけ

翌年、弘樹くんは卒業する前に、私にこんな詩を残しました。

返り咲き

別れの傷がいえたころ　花びらすべて散ったころ
静かな眠りにつくころ　天のほほえみ舞い込んで
また新たな花が咲く

ココ変え❻ ⇩ 授業を通して多様な他者を読み合う

詩を読み合い、互いが読んだ感想を書くことにしました。倉ちゃんは隣の人から「倉ちゃんはあいさつをしたら必ず返してくれるので、とてもやさしいです。ぼくが落ち込んでいても倉ちゃんは明るいです。すごいと思います」と書かれよろこびました。

次の日、連絡帳に「たんの先生はやさしい人です」と倉ちゃんは踊るような字で書いてくれました。

話し言葉は消えてしまいます。しかし、書き言葉は消えません。子どもたちの歴史に、書き言葉は一つの証言として残るのです。子どもたちの自分づくりを進めながらイノベーションしていくこと、国語の時間は教科書を読み合うだけでなく、人間を読み合い、アイデンティティを育てる大切な時間でもあると位置づけ、彼らの歴史に記録してあげたいと思います。

おわりに

一人ひとり、みんな違っていい、みんなを大事にすると言われながらも、みんな同じに染める教育がずっと行われてきました。もちろん、子どもたちのためにという善意の教育であることは否定しません。しかし、その中で、一人取り残される子どもたちをたくさん見てきました。

特にここ数年、学校から排除されて、教室に入れない子が目立ちます。どの子にも、家庭やその子の特性など事情はありますが、大きな原因が学校にあると思っています。学校は彼ら、彼女らの、

「行きたいところ」

「学習したいところ」

になっていません。

インクルーシブ教育が広がったころは、教師に無理を強いるようなその捉え方に違和感がありました。今でも制度や条件などの整備が必要だと思っています。ただ、そういう批判は絶対に必要だと思いますが、他方で教師が指示された通りに動く、例えば学力一辺倒になる従順さが、子どもを追い詰める原因の一つになっているというのも確かです。つまり、私たち教師にも責任があるということです。学校を背負いすぎる教師が子どもを孤立させ、排除する現実が続いています。

インクルーシブ教育とは、どんな子でも取り残さない教育です。すべての子の要求を尊重し、それ

に応答し、子どもたちといっしょに実現する教育のことです。繰り返される授業を通して、つながりをつくり、子どもたちの生活を豊かにしたいと思います。学校は立場の弱い子ども、少数派の子どもを含めて、みんなが

「幸せになる方法を教えるところ」

だと考えているからです。

授業の工夫や学級づくりができなくなったと言われます。しかし、実践の幅は、ますます狭くなっている、とは思いません。自己規制や同調圧力の中で狭くなっているように見えますが、「多様性を認める」をキーワードに、学校を子どもたちと一緒に、もっと楽しいところに変えていきましょう。学校にはまだまだ、たくさんの可能性が広がっています。

授業や学級づくりの困難さは、子どもたちの生きづらさのサインです。授業でも、子どもたちの活動場面を増やせば増やすほど、はじめはトラブルが増えるでしょう。ですが、トラブルが起きた時「なぜ、そうしてしまったのか」、背景を解き明かしていきます。それは、弱い立場の子を守るだけでなく、他者理解を育てるインクルーシブの視点です。異質排除ではなく、異質共生をつくる視点です。本書では具体的にたっぷり書かせていただきました。わかりやすく書くことができたと思います。

part2の4・6・8は「子どもの声から授業と学級づくり②③④」（しんぶん赤旗・2019年4月〜）、part3の1・2は「生活指導」（高文研・2018年8―9月号№739 全国大会基調提案 実践報告61〜68頁、2020年4―5月号№749 特集14〜21頁、北山昇）を執筆者の了解を得て改編しました。

多様性を認める授業づくり、学級づくりの本を出版したいという私たちの趣旨をご理解いただき、援助くださったクリエイツかもがわの田島英二さん、本当にありがとうございました。

子どもたちは、きちんとできてあたり前ではありません。できないから、学校で学ぶのです。一つひとつていねいに教えていくのが教育です。できなくてあたり前、やれなくてあたり前を胸に、新鮮な気持ちで授業をしてみませんか。

できなくてあたり前、
やれなくてあたり前は、
子どもの権利です。
ここがスタートラインです。

子どもには、子どもらしく生きる権利があります。子どもというのは足りないものがあるから子どもです。いい言葉だと思います。子どもたちの声を聴き、彼らに共感し、授業を通して他者との関わり方を学ぶ。子どもとともに、多様性を認め合う新たな価値世界を切りひらく実践を構想しましょう。

関口　武

著者

丹野清彦（たんの きよひこ）

大分の公立小学校で働き俳優西田敏行さんの義兄さんから学級づくりについて学ぶ。その後、北海道へ移住し支援員をしつつカフェ経営を夢みる。現在は琉球大学大学院教授。全国生活指導研究協議会研究全国委員。

主な著書に『子どもの願い』『もっと話がうまくなる』『今週の学級づくり』（以上高文研）、『班をつくろう』『リーダーを育てよう』『話し合いをしよう』『保護者と仲良く』『気になる子と学級づくり』（以上共著・クリエイツかもがわ）などがある。

関口　武（せきぐち たけし）

法政大学法学部卒業。埼玉県立教員養成所卒業後、公立小学校に勤務。踊りと劇でセッキー先生と人気を得る。現在、國學院大學、和光大学、多摩美術大学非常勤講師。全国生活指導研究協議会常任委員。

主な著書に『子どもから企画・提案が生まれる学級』（高文研）、『教師のしごと②生活指導と学級集団づくり小学校』（共著・高文研）などがある。

インクルーシブ授業で学級づくり
という発想

2021年 4月30日　初版発行

発行者　田島英二

発行所　株式会社 クリエイツかもがわ
〒601-8382　京都市南区吉祥院石原上川原町 21
電話 075(661)5741　FAX 075(693)6605
ホームページ　https：//www.creates-k.co.jp
メール　info@creates-k.co.jp
郵便振替　00990-7-150584

印刷所　モリモト印刷株式会社

ISBN978-4-86342-305-3 C0037　　printed in japan

好評既刊

みんなでつなぐ読み書き支援プログラム

フローチャートで分析、子どもに応じた オーダーメイドの支援

井川典克／監修　高畑脩平・奥津光佳・萩原広道・特定非営利活動法人はびりす／編著

一人ひとりの支援とは？　読み書きの難しさをアセスメントし、子どもの強みを活かすオーダーメイドのプログラム。　2200円

凸凹子どもがメキメキ伸びるついでプログラム

フローチャートで分析、子どもに応じた オーダーメイドの支援

井川典克／監修　鹿野昭幸・野口翔・特定非営利活動法人はびりす／編著

「ついで」と運動プログラムを融合した、どんなズボラさんでも成功する、家で保育園で簡単にできる習慣化メソッド！　1800円

学童期の感覚統合遊び　学童保育と作業療法士のコラボレーション

太田篤志／監修

森川芳彦・豊島真弓・松村エリ・角野いずみ・鍋倉功・山本隆／編著

指導員が遊びを紹介×作業療法士が感覚統合遊びを分析。　2000円

はじめての学級づくりシリーズ　大和久勝・丹野清彦／編著　各1800円

1　班をつくろう

泉克史・小野晃寛・古関勝則・中村弘之／執筆

学級づくりに“班”を取り入れてみませんか。班はどうやってつくるの？ どう使うの？

2　リーダーを育てよう

泉克史・小野晃寛・古関勝則・髙橋孝明・地多展英・中村弘之・安原昭二／執筆

リーダーはどこにいる？ 経験と試行錯誤のくり返しからうまれたリーダー術満載。

3　話し合いをしよう

泉克史・小田原典寿・風野みさき・小野晃寛・古関勝則・髙橋孝明・中村弘之・牧野幸／執筆

話し合うことを通して、自分たちの力で解決したり、運営したりする力を育てる。

4　保護者と仲良く

今関和子・小野晃寛・古関勝則・髙橋孝明・西田隆至・安原昭二／執筆

先生は保護者が苦手ですか？ 子どもを真ん中に、お互いを理解し、信頼関係を育てる。

5　気になる子と学級づくり

今関和子・小野晃寛・小田原典寿・加嶋文哉・古関勝則・佐々木大介・髙橋孝明・中村弘之／執筆

どの子にも居場所（信頼し安心できる人間関係）と出番（授業や学級活動での活躍）を。

［本体価格表示］